国家出版基金项目
NATIONAL PUBLICATION FOUNDATION

当代中国教育学人文库

个体成人的开端

刘铁芳 著

儿童教育的哲学阐释

中国人民大学出版社
·北京·

操场上的树木或生长或死亡，
而孩子们，
想要以任何代价长大，
去到外面，去恋爱。

如果你看见一幅白窗帘，
在一扇敞开的窗口摆动，你就看见了，
人们如何相爱。

如果你看见一个理发匠坐在椅子上，
在黄昏里对着镜子给自己剃须，
你就看见了，
人们如何生活。

如果你看见犹太人站着祈雨，
在一个多雨的国度祈雨，
你就看见了，
人们如何记忆。

如果你看见一个孩子在假期中，
在操场上独自玩耍，
你就看见了，
渴望。

　　——［以色列］阿米亥《操场》

引言
儿童教育：一种可能性的探究

一、儿童教育的重要性

常言道，"三岁看大，七岁看老"。人生是一个渐次展开的过程，童年时期作为个体生命存在的开端，尽管过程短暂，其经历对一个人一生的发展有重要的奠基意义。提到童年，总使人有些向往，不论童年生活是快乐还是悲哀，人们总觉得都是生活中最深刻的一段；有许多印象、许多习惯，顽固地刻画在他的人格及气质上，而影响他的一生[①]。一个人在童年时期的经历并不会随着时间的流逝而消失，反而转化为早期经验在潜意识中永远地储存下来，成为一种难以被人察觉的观念和想法，并在其后的人生历程中不自觉地影响人的行为。"一个人生到世上来，他的童年是在欢乐和玩耍中默默无闻地度过的；接着，他逐渐长大，开始进入成年；最后，世界的大门才敞开让他进来，使他同成年人往来。……应当追溯他的过去，应当考察他在母亲怀抱中的婴儿时期，应当观察外界投在他还不明亮的心智镜子上的初影，应当考虑他最初目击的事物，应当听一听唤醒他启动沉睡的思维能力的最初话语，最后，还应当看一看显示他原型的最初奋斗。只有这样，才能理解支配他一生的偏见、习惯和激情的来源。可以说，人的一切始于他躺在摇篮的襁褓之时。"[②] 童年阶段的经历奠定了个体发展的生命原型，在一定意义上，个体的成长就是童年的重复。换言之，人生就是画同心圆，最初画出的圆形

---

① 范伯群. 冰心研究资料. 北京：知识产权出版社，2009.
② 托克维尔. 美国的民主：上. 北京：商务印书馆，2007：30.

轨迹成为其后发展的重要基础,由此而循环上升。当然,个体发展可以突破童年的局限,但要从根本上超越童年是很难的。

我们做的所有事情都会进入我们的世界之中,成为我们自己的一部分。儿童经历的每件事情同样如此。童年留下的印记并不会随着年岁的增长而流逝,而是潜移默化地作为个体人生的基础形态而或隐或显地制约着一个人的整个成长历程,童年的意义也因此不断地为人们所重视。"童年的成长过程,小的关乎一个人的一生,大的关乎一个国家民族的童年成长和教育形态,以至该国家民族民众日后的文化素质和生存价值。"① 无疑,儿童教育不可不慎重,它不仅关乎儿童的发展本身,同样关乎国家民族的未来,用陈鹤琴的说法,"儿童是振兴中华的希望。儿童教育是整个教育的基础,关系到我们伟大祖国的命运"②。正如卢梭所言,在所有一切有益于人类的事业中,首要的一件,正是教育人的事业③。而儿童教育无疑又是重中之重。正因为如此,不管是社会,还是家庭,把儿童教育的重要性提到何种高度,都不为过。

二、儿童教育作为一门大学问

儿童教育是如此重要,我们不能不慎重。儿童虽然是小孩,儿童教育却是一门大学问。探寻儿童教育的要义,是一门值得每个成人——父母、教师、关心儿童成长的每一位——思考的必修课。

何谓个体成人?与成人相近的概念是成长。所谓成长,也即长大、长大成人,一般是指一个人向成熟阶段发展的过程。所谓成人,一般不仅仅是指成长成熟,也即发育成人,同时也指一个人趋于道德上的完善,成为德才兼备的人,也即在个体成长的肉身事实中融贯以属人性的价值精神。我们把成

① 陈万雄.感受的历史//张倩仪.再见童年:消逝的人文世界最后回眸.北京:华文出版社,2012:7.
② 陈鹤琴.家庭教育.上海:华东师范大学出版社,2018:序19.
③ 卢梭在《爱弥儿》的序言中这样写道:"尽管有许多人著书立说,其目的,据说,完全是为了有益人群,然而在所有一切有益于人类的事业中,首要的一件,即教育人的事业,却被人忽视了。"柏拉图提出哲人王的理想,正是基于哲人对社会秩序的合理理解,并把这种理解融入政治秩序之中,由此突显教育之于政治的重要性;而在非哲人王的时代,教育之重要性的遮蔽也是常理之中。深谙柏拉图的卢梭无疑对此心领神会。

长更多地理解为基于生理发育层面的个体发展，而把成人理解为生理、心理与精神相统一的个体发展，也即在个人身体与心理机能发展的过程中敞开个体对超越肉身之上的美善价值事物的欲求，由此而带出个体的属人性存在。一个人之成长为人，不仅仅是自然身体的发展，也不仅仅是基于自然身体的心理机能的运用，更是在自身身体发展与心理官能运用的过程中渗透以属人性的价值引领，从而以美善事物的经验作为一种逐步获致的内在力量，引导身心机能的发挥，由此，使得个体真实地活出现实的人性状态。作为过程的个体成人，即一个人自主地敞开自我，去理解、接纳周遭的人和事物，学习各种直接与间接经验，努力把自我融入他人、社会、历史、文化，达成自我身体、心灵与精神生命的整体发展。人首先是一种自然的存在，个体成人意味着在一个人的自然生命中浸润以美善事物的价值，激活一种属人性的力量，个体为这种力量所激励与引导，从而在个体此时此刻的自然存在中敞开人之为人的普遍性蕴含。

就个体成人之发生而言，个体成人的最初形态是什么？如何从一个人最初的成长过程中找到个体成人的原初形态？个体成人就其发生而言包含着哪些质素？儿童教育究竟如何展开，以更好地促成个体成人的发生？今日儿童教育需要重视的关键问题有哪些？我们究竟应对儿童发展持有何种立场与态度？这是本研究尝试着去回答的基本问题。

三、一种可能性的探究

本研究力求在返回个人生活经历的基础上，从个人生活经历与生命体验出发，尝试着从个人亲历的儿童成长点滴细节中选择典型情境，析出儿童成长与教育的原型，再辅之以理论的论证，力求在呈现其背后的生活逻辑的同时，开启一种普遍性的儿童教育理论之可能性。当然，任何叙述都是选择性的。我在这里是努力从生活片段出发，理出成长中的主线，难免忽视其间看似关系不大的细节，期待今后更完整、深入的研究。

本研究主要是以我的女儿晴（2008 年 2 月出生）和儿子辰（2015 年 8 月出生）的成长故事为基础，从个体生活出发，力求从我与孩子共同成长过程中的体验析出个体成人的关键质素，从个体成人之发生的视角来理解儿童教育的内涵。正因如此，本研究中的儿童主要是学龄前期，也即从出生到幼儿园阶段的教育为主，也适当延伸到小学教育阶段以至更高学段的教育，小学低年级就其性质而言更接近幼儿教育阶段。本研究的主要侧重点在于，儿童何以走在个体成人的道路之上，换句话说，个体成人的关键质素何以在儿童成长的过程中一点点显现出来。本研究不可能顾及个体成人的诸种质素，只是想阐释个体成人早期阶段的关键质素，这种质素同时会成为个体成长的整个过程的基础质素。

　　本研究是一种开放性的儿童教育哲学研究之尝试，其间隐含的是一位有着教育哲学偏好的普通父亲对儿童何以健全成长以及儿童教育之重要性的期待，同时也期盼更多的人来关注个体成人的开端与儿童教育的蕴含，以增进社会的完善。

　　笔者力求从个人亲子关系经验出发，探寻儿童教育的普遍性问题，但其间或多或少带有个人经验与思考本身的局限性，充其量是在呈现儿童成长之复杂性的过程中传递出对普遍性的追求，借以提供我们思考儿童教育普遍性问题的可能路径，直白地说，是激发我们更多地关注、思考儿童教育本身的可能性。

目　录

第一章
儿童发展的阶段性与个体成人的开端

　　个体成长初始阶段的经历蕴含着个体发展的原型，换言之，儿童懵懂无知阶段的成长经历孕育着个体一步步走向有意识的自主发展的初始形态。我们要努力从儿童看似琐碎的日常生活与日常交往的细节之中，尝试着去发现、理解儿童成长的初始形态，进而提升成年人面对儿童发展的教育自觉，同时也尝试着从儿童教育的发生过程中理解个体成人的教育秘密。我们以晴的成长故事为本研究的开端。

一、儿童发展的萌芽：混沌初开

　　每个人都带着自己的本能降生于世，这种本能不仅仅是呼吸新鲜的空气、吸吮母乳等生存本能，而且还带着其向着周遭世界的开放性，带着一个人身心整体发展的潜在可能性，在成长过程中一点点展开其现实存在。

开始微笑

　　我抱着晴睡觉时，意外地发现——她咧开嘴笑了，感觉她笑得好甜。（2008 年 3 月 5 日）

　　这是女儿出生 15 天后发生的场景。婴儿的笑可以说是潜意识之中对周遭爱的环境做出的本能反应，是自我本能与父母之间形成的积极交互与应答的开始。

　　今天早上，我出门时，回过头来喊晴。她很快就把眼睛转向了我。看着她亮亮的眼睛，感觉很好。（2008 年 4 月 2 日）

　　这是女儿出生 43 天时的片段。爸爸招呼女儿，女儿以转过眼睛来回应，女儿从本能出发，感受到爸爸的关注并予以回应，由此而开始生活在父女关联的结构之中。

亲子游戏

　　我经常给晴唱歌，原来唱的主要是几首儿歌，后来有次坐在沙发上给她唱《三套车》，还有《敖包相会》，晴不停地笑，嘴张得好大，笑得

很开心。（2008 年 5 月 28 日）

今天下午坐在沙发上，我把大腿跷在茶几上，让晴对着我坐在我腿上，我手卡在她的胳膊那儿，先给她唱《卖报歌》，感觉她不是很高兴。我无意中开始一边自己摇头晃脑，一边晃着晴，给她朗读古诗：从"鹅、鹅、鹅"到"床前明月光"，再到"两个黄鹂鸣翠柳"。想不到晴竟然不断地大笑，笑得好开心。晴妈都开始嫉妒我能这么逗晴开心了。（2008 年 6 月 3 日）

这是女儿出生 90～100 天时的成长片段。女儿对爸爸的感知不仅仅是微笑与问好，而是摇头晃脑地唱歌，并且带着孩子一起活动，让孩子在一种游戏的情境中感受诗歌的节奏与韵律，由此，让孩子超越先前的不愉快状态而直接进入当下审美情境之中，敞亮自我身心，达成此时此刻个体身心整体的充实与愉悦。当婴儿以自我身体跟父亲一起进入游戏情境中，自然地以开心微笑的方式表达身体的愉悦，这就意味着此时此刻来自父亲的以爱为基础，同时又具有文化-生命趣味的诗歌节奏与韵律，真实地进入了孩子的世界，影响了孩子的身心。当然，在这里，与其说是孩子与诗歌相遇，不如说是孩子与赋予爱心和童心的审美化父亲的身体相遇，并在此相遇中潜移默化地以优雅的节奏和韵律浸润自我生命。这个阶段的游戏主要是作为父亲的我带着孩子游戏，婴儿更多的是以被动的方式进入游戏情境之中。

值得一提的是，婴幼儿是以身体的方式直接感知周遭世界，并通过身体来直接回应。儿童成长是从身体开始的，这里的身体是指包容着感知与情绪的身心整体，并非全然是作为自然的身体之发展。换言之，个体成人一开始就是作为一个整体，一个包容、模糊而混沌的整体，潜移默化地孕育着个体发展的多样性与可能性。

晚饭前，晴跟我在沙发上玩得非常开心，我用各种叫声逗晴，她不停地咯咯地笑，很开心。

后来，晴还拿了一条放在边上的她自己的红裤子，不时地盖在自己脸上，又迅速拿下来。这是晴在模仿我经常跟她做的捉迷藏游戏。（2008 年 8 月 23 日）

昨天，我带晴吃晴妈买的饼干磨牙棒时，我一边让晴吃，一边把自己的口张开，晴就把磨牙棒伸到我的嘴里，还表现出很高兴的样子。（2008 年 9 月 3 日）

这是女儿 6 个月时的表现。这个阶段开始，孩子渐渐地通过模仿的方式开始了主动的游戏生活。儿童游戏意味着在模仿成人世界的同时表现在成人世界之中，换言之，游戏从其发生而言，直接就是儿童与成人世界关联的基本方式。

晴自己拿着一把扇子，学着把自己的脸隐蔽在扇子后面，然后再把扇子突然拿开，逗妈妈笑。（2008 年 9 月 19 日）

这是女儿快 7 个月时的片段。如果说儿童最初的游戏来自模仿，那么逐渐地，儿童在模仿游戏中开始了自己的创造，学会主动地游戏。儿童的模仿与创造过程无疑蕴含了儿童思维的萌动与身体的行动。换言之，儿童在游戏中的模仿与创造，直接就是儿童生命力显现的方式，也即儿童表达自我生命的方式。

不仅如此，女儿的游戏得以发生，一个重要的因素就是妈妈的在场，女儿向着妈妈展开自己的模仿与创造游戏。儿童总是向着周遭亲近他人而游戏着。儿童游戏就其实质而言，正是儿童融入世界的方式。一个细小的游戏片段，不仅包含了儿童的模仿与创造，同时还包含着儿童向着世界的基本姿态。

二、儿童发展的初级阶段：语言与思维的萌发

如果说一个人最初的发展是身体与本能的展开以及由此而来的简单游戏之发生，那么从半岁到 1 岁左右开始，接下来的重要发展就是伴随语言与思维的萌芽而逐步打开一个人化的世界。

语言的发生

晴这几天特别有一种想说话的冲动，经常有大叫的声音出现，有时还会一连串地说出几个音节。

5

晴今天说话有了很大的进步，可以一连串地说话，"叭""依""啊"是说得比较多的音节。

下午跟妈妈躺在沙发上，晴一个人差不多在自言自语，不停地讲了10多分钟，只是经常把手指放到嘴里。（2008年7月14日）

刚刚我给晴擦尿时，竟然听见晴大叫了一声"妈"。（2008年8月1日）

这是女儿5个月前后的表现。这个时候的发声是模糊的表达，其间折射的是婴儿寻求表达的欲望。

晴这段时间说话的欲望开始强烈起来，总是"啊啊"地叫个不停，也很期待有人跟她一起说话。（2008年11月14日）

这段时间晴的语言能力明显增强。要是喊她，晴就会做出"啊"的回应。

今天晚上6点多钟，我从外面进来，喊"爱崽"，晴马上跟着喊出与"爱崽"相似的音符，特别是"爱"字发音很清晰。

后面晴妈打喷嚏，晴竟然马上发出了"啊切"的声音。（2008年11月18日）

语言能力发展进入突破阶段大抵在9个月时。这时，婴儿开始模仿大人的发声。

晴这段时间长得很好，有22斤重了，也会偶尔准确地叫出爸爸妈妈了。

特别是早几天，我从外面进门，晴在爷爷房子里，一看见我就清脆地叫了两声"爸爸"，我心里好高兴！（2009年1月9日）

女儿真正开始准确地喊出"爸爸、妈妈"，应该是在10～11个月的时候。语言能力的萌发是个体成人的重要阶段，意味着孩子开始以言语的方式来与成人世界沟通。

突然发现晴现在说话进步多了。"爸爸""妈妈""爷爷""奶奶"都会叫了，不过"爷爷""奶奶"只能用益阳话叫。

前几天，我去攸县讲课时，晴在电话中叫"爸爸"了。

今天，去外面吃饭回来，晴叫了好几声家文哥哥，还会勉强叫"外公""外婆"了。（2009年5月1日）

晴这段时间说话进步很大，能说出很多单字，"好""开""盖""打"等是她讲得最多的。还会说"爱爸爸""爱妈妈"等组合词。（2009年6月16日）

1岁多开始，女儿语言能力的发展进入活跃期，由"爸爸、妈妈"到"爷爷、奶奶"，从当面叫到在电话中叫，说出常用的单字，再到说出组合词，孩子慢慢开始以语言的方式与他人和世界联结起来。

晴语言能力发展应该说很快。无意中听到大人说的一个词，她马上就会说了。比如，"没看见了"。

今天突然发现她会说6个字的一句话了："妈妈藏（发音为qia）起来了""妈妈不见了"。（2009年8月16日）

晴现在差不多日常生活中的话语都会说了。最喜欢听晴说"过来""爸爸过来"，一边说一边抬手，并不断地做握拢小手的动作。虽然我自己要忙，但看见晴这么可爱，我也没办法，只得起身。

晴会熟练地使用动词，"来""起来""下去""走开""吃饭""喝水""怕""拿过来"。她也会用"还""还要""还有""了""我来了""不""起不来""不要"等等。

听到旁人说某个词，晴很快就会重复。几天前奶奶要晴跟春芳伯伯说生日快乐，她立马喜欢上说"生日快乐"了，重复说了好多次。（2009年9月6日）

1岁半左右，女儿的语言表达开始完整起来。这意味着儿童拥有了对周遭生活情境的感知、判断与表达，从单一性情境到连续性情境，从模仿到自主使用，语言逐渐地成为个体以属人的方式与他人和世界联结的有效中介。

每次碰见二楼院里的张伯伯，晴都要哭。后面有一次，张伯伯就专门从家里要爱人丢一包小喜糖下来，晴一下子就变得高兴了，很快就喊张伯伯了。更有意思的是，她上楼时，竟然把平时唱的"世上只有妈妈好""世上只有爸爸/爷爷/奶奶好"改成了"世上只有张伯伯好"。
(2010 年 1 月 31 日)

女儿从"世上只有妈妈好"到"世上只有爸爸好",一个语词的更换,反映了她思维的迁移。儿童经由语词而把爸爸、妈妈、爷爷、奶奶联结起来,把熟悉的世界联结起来,扩展自我心灵对周遭人事的认知。当女儿因为收到张伯伯的礼物而说出"世上只有张伯伯好"时,是把"世上只有妈妈好"这个语式向着陌生空间迁移,其间蕴含的是幼儿对新情境的感知、判断、记忆的激活与语词在思维迁移中的再现。

记忆的萌发

儿童意识的发生应该伴随着识记的发生。潜在的识记应该更早发生,此时此刻,我们所能清楚发现的,是识记的印象活化于当下,也即记忆的激活。

> 晴这段时间开始会模仿了。奶奶在吃饭时教她敲桌子,她到桌子边儿上就要敲几下。(2008 年 9 月 3 日)

模仿意味着短时记忆的发生,或者准确地说是成人看得见的短时记忆之发生。儿童模仿他人,无疑是亲近他人、形成与周遭他人之间积极互动的开始。

> 晴估计已经进入了智力的苏醒期,这几天明显智力活动增多了。她已经会指认爸爸妈妈,到楼下也会(很早就会)指认家在楼上,只是在别的楼下她不能指认到自家的楼,而只是指着高处。(2009 年 2 月 11 日)

辨认事物是记忆的激活,是长时记忆活化于当下。记忆事物本身意味着对事物的亲近,记忆的发生意味着日常生活环境的熟悉化,他人、他物逐渐融入自我生命世界之中。记忆的发生,形成儿童与周遭熟悉之间的亲近联系,也形成了儿童对周遭亲近之人与物的爱和依恋。记忆的萌发是让记忆的事物进入自我生命世界之中,由此而增进个体与周遭事物的生命联结,让儿童活在与周遭事物的真实联结之中。

> 我 10 月 6 日去北京,8 日晚上就得重感冒了。11 日从南昌回来,晴跟妈妈到车站接我,她都有些不认识我了。不过,很快就好了。(2008 年 10 月 14 日)

> 我经常把晴背在背上,像骑马一样地带着她走。晴特别高兴,我只要做出背她的样子,她马上上身就倾过来了。(2008 年 11 月 5 日)

有记忆就有遗忘,遗忘也是记忆的一部分,这意味着有持续交往的必要。亲子之间爱的联结,其发生的重要机理正是持续的交往带给幼儿的生命记忆以及由此而来的生命的亲近。与此同时,记忆需要激活,持续的激活让记忆得以保持。保持记忆不仅仅是持续地强化记忆,更重要的是让记忆活化在交往之中。

> 晚上晴一个人在客厅玩,拿出原来那圆铁砣和小吸棒来做拼图游戏。后来晴喊我,说她要过生日了。我不知道是怎么回事。走出来看,原来晴拿铁砣和吸棒做成了生日蛋糕的样子。晴特别高兴,忙喊妈妈也来看。爸爸妈妈都夸晴做得真好。

> 晴拿到卧室里,一个人欣赏着,还说我们没有说"生日快乐"。我连忙喊妈妈来,一起给晴说生日快乐。我又给晴拍了两张照片,还单独给小蛋糕拍了一张,晴非常高兴。睡觉时,晴把小蛋糕放到眼睛边上,不时地看着,好开心的样子。快睡着时,妈妈让我轻轻拿开小蛋糕,没想到一下子被她发现了,哭起来,我只好很快又放回晴的脑袋旁。一直到她睡得很熟,我才小心把它拿到床下。(2011 年 8 月 11 日)

晴用吸棒做蛋糕的游戏,隐含着对生日蛋糕的记忆,同时又是对过去记忆的重新组合。不仅如此,当晴细致地制作蛋糕模型时,既体现了制作蛋糕的行动本身,又包含了她对生日场景的想象以及一家人围着她过生日其乐融融的期待。无疑,这里显现出来的是记忆发展的典型阶段,即记忆的重构。儿童记忆的重构,形成面向当下的意义结构,敞开儿童对当下以至未来生活的美好期待。记忆的萌发形成儿童之于周遭人事的爱的情感,儿童对周遭人事的爱反过来又推进儿童记忆的重组,引发儿童的创造。不仅如此,晴做这个生日蛋糕，不仅是她生活中的创造性的表现，更是她对世界的美好想象，并且把这种想象带到爸爸妈妈身边。一个小小的游戏，确是儿童向世界奉呈的爱与创造的表征。

记忆的发生意味着当下的活动与过去的关联，从而使个体活在时间之中，即能把过去带入当下，活动不仅仅指向当下身心的愉悦，同时因把过去带入当下而增添了活动的意义感。正是记忆及其激活，让当下的儿童与过去相连，同时开始对未来有所期许，由此让儿童开始完整地活在过去、现在与未来三重时间之中。儿童在记忆中一点点获得自我，敞开自我，丰富自我。

思维的发展

> 今天下午我和晴妈要上班，出门时，爷爷奶奶喂饭给晴吃。因为怕我们出门时晴会哭，爷爷奶奶就说爸爸妈妈要上班了。晴就说："爸爸要上班班了，妈妈要上班班了，爸爸妈妈都要上班班了。"（2009 年 9 月 27 日）

"爸爸要上班班""妈妈要上班班"，这是对生活情境的直接而具体的回应，后面一句"爸爸妈妈都要上班班了"，其间的"都要"是建立在对"爸爸要上班班""妈妈要上班班"的综合判断，也即从其说出"爸爸要上班班""妈妈要上班班"这两个命题后油然而生的综合判断。

> 晴的语言又有新的发展了：她已从对事物的命名，到了对动作（事件）的命名："爸爸开车车出去。"同时也开始了对事物状态的描述："好大一只狗狗。"（2009 年 10 月 11 日）

"爸爸开车车出去"，这是对当下情境的直接描述；"好大一只狗狗"则一方面是基于当下情境的直接描述，另一方面又隐含了对过去相关事物的记忆与比较。

显然，跟语言能力发展紧密关联的质素就是思维的发展。从女儿这里显示出来，儿童思维发展主要是基于情境的直接性思维。从一岁半左右开始，幼儿就有了超越情境的间接性思维，即从具体、形象思维到比较、抽象、概括性思维的萌芽。

> 吃晚饭时，晴看着大家都拿着筷子吃饭，突然说："爷爷拿筷子，翁妈拿筷子，我们都拿筷子吃饭。"（2010 年 2 月 9 日）

这是女儿快 2 岁时的生活片段。在这里，"爷爷拿筷子，翁妈拿筷子"，是对情境的直接感知与描述，"我们都拿筷子吃饭"，则是对具体情境的抽象与概括性描述。

> 我跟晴一起看一张袋鼠的图片时，我跟晴说，这是袋鼠妈妈，兜兜里是袋鼠弟弟，旁边大一点的是袋鼠哥哥。晴问："袋鼠爸爸呢?"（2010 年 7 月 16 日）

这是女儿 2 岁半的生活片段。从袋鼠妈妈、袋鼠弟弟、袋鼠哥哥，自然地联想到袋鼠爸爸，这是幼儿在感知与想象世界中展开的思维迁移。

> 晴让我教她认书上的蝌蚪，我说蝌蚪是青蛙做毛毛时的称呼，晴马上说，"我做毛毛时也叫蝌蚪吗?"（2011 年 2 月 7 日）

这里同样是一种思维的迁移，跟前面不同的是，从袋鼠妈妈、袋鼠哥哥、袋鼠弟弟，到袋鼠爸爸，是同一类事物的内在迁移；而这里则是从青蛙做毛毛到自己做毛毛，是不同类型的迁移。这实际上隐含着儿童式逻辑思维的萌芽，一种跳跃性的诗性思维：

> 青蛙做毛毛时叫蝌蚪；
>
> 我小时候也是毛毛；
>
> 所以，我也叫蝌蚪。

接近 3 岁半的时候，晴的语言与思维能力有了明显的飞跃：

> 晴说话时总喜欢说一句句很完整的话。大概是昨天早上，我跟晴在花园玩。因为晴这两天有点感冒，加上前天下雨了，晴就说，"只要女孩子穿裙子，男孩子穿短衣短裤，我就可以吃冰激凌了"。说完，后面还重复了一遍。（2011 年 7 月 10 日）

> 早上起来，跟晴坐在床头说几句，晴要我做点什么事，后面晴突然

说："崽崽的事情崽崽自己做，爸爸的事情爸爸自己做，妈妈的事情妈妈自己做，每个人都做自己的事情，这样才对啊。妈妈老是要爸爸做事，这样不好。"（2011 年 8 月 13 日）

"女孩子穿裙子，男孩子穿短衣短裤"，这里就单个句子而言是综合，是对过往记忆的综合判断，就男孩、女孩来说又是分析；女孩子穿裙子，男孩子穿短衣短裤意味着夏天到、天气变热了，天热起来才可以吃冰激凌，天热起来后"我就可以吃冰激凌"，这里包含着两个相连的演绎推理：

（1）天热起来可以吃冰激凌（这是基于对过往经验的综合判断），

女孩子穿裙子、男孩子穿短衣短裤时就是天热起来的时候，

所以，女孩子穿裙子、男孩子穿短衣短裤时就可以吃冰激凌。

（2）天热起来（大家都）可以吃冰激凌，

我也是其中之一，

天热起来我也可以吃冰激凌。

下面的片段更明显："崽崽的事情崽崽自己做，爸爸的事情爸爸自己做，妈妈的事情妈妈自己做"，这是分析；"每个人都做自己的事情"，这是归纳；接下来说出"妈妈老是要爸爸做事，这样不好"这是判断，这个判断的由来有两个隐在的演绎推理：

（1）每个人都做自己的事情，

妈妈是人，

所以妈妈也要做自己的事情。

（2）一个人自己的事情要别人来做是不好的，

妈妈要爸爸做自己的事，

所以妈妈是不好的。

不难发现，这个时候的孩子虽然不能有完整的推论，但是已经在直觉之中具备了分析与综合、归纳与演绎的较高级的思维能力。跟前面的思维迁移相比，这里的思维理络更复杂，其间不仅仅是对事物的认知，还包含对事物的价值判断。

我们可以再进一步分析这两个片段：女儿的推理并不是外在于生活的纯粹推理，而全然是一种自发的生活实践，是儿童生活的一部分，是儿童生活自发地引导着儿童从事更高级的思维活动。接下来的问题就是儿童何以会发生高级思维活动？或者说，是什么力量推动着更高级的思维活动之发生？我们从这两个片段来分析就可以发现：在第一个片段中，女儿是想起了吃冰激凌，或者说想吃冰激凌，但现在天气不好，还未到吃冰激凌的时候；在第二个片段中，女儿是关心爸爸而批评妈妈老是让爸爸做本应该她自己做的事情。两个片段不同之处在于，前者是从吃冰激凌，即从个人的自然偏好出发，而后者是从对父母亲的关注出发，其间蕴含着社会性的价值判断。两者都意味着儿童对世界的爱与关切，只是关切的路径各异。值得一提的是，当女儿心中有了"天热起来我也可以吃冰激凌"这个结论，心中就会怀着对天热起来吃冰激凌的期待；当女儿心中有了"妈妈老是要爸爸做事，这样不好"这个结论，她就会更加留意今后妈妈是不是要爸爸做本应妈妈做的事情；换言之，儿童的推理活动反过来会让儿童进一步关注推理活动中所涉及的人与事物，即深化儿童生活中的爱与关切。

显然，儿童更高级的推理性思维活动的发生，从其主观意愿而言是因为对人或事物的爱与关心；从其客观路径而言，是寻求事物之间的关联。一方面，儿童对周遭人事的爱与关切推动了儿童更高级思维活动的发生；另一方面儿童更高级的思维活动反过来让儿童更好地爱与关切周遭人事。正因为如此，儿童高级思维的发生就其实质而言，是儿童更深入地趋向周遭人事的实践形态，是儿童以爱的姿态融入周遭世界的表现形式，是儿童整体的生活实践本身，而非单纯的理智思维之训练。

> 晴这段时间特别喜欢问为什么。昨天下午，我陪晴在花园里玩的时候，晴不停地问为什么："腿为什么可以走路啊？""头上为什么要戴帽子啊？""奶奶为什么没戴帽子呢？"（2011 年 12 月 12 日）

4 岁左右的儿童，理智世界刚刚开始打开，一切都是新奇的，稚幼的身心与世界相遇，很容易萌发无限的好奇心。儿童对世界的提问，在一定程度上是儿童开始把自我以理智的方式融入世界，表达自我对周遭世界的关切。

三、儿童发展的中级阶段：世界的逐步打开

从一岁左右开始，我们已经能看到幼儿对鲜活的周遭事物之感知及其本能回应了。正是从这种基于身体感官的直接联系，一个人开始一点点地走向世界，开启对世界的认知，并获得关于世界的印象，形成自我与世界之间的生动联系，培育向着世界的情感意向。

对世界的感知

满一周岁以来，晴的身体活动和智力活动都明显加强。她很喜欢走路，学走路进步很快。现在已经可以自己敞开手走 2 米左右了。

今天下午 6 点左右，在花园里，天上飞过飞机，她看到了，很高兴。

这段时间，奶奶带她找鸟儿，她很喜欢，看到鸟儿总是非常兴奋。（2009 年 3 月 5 日）

一岁开始，幼儿不仅仅满足于感知周遭的事物，而且开始对自然社会表现出更宽广的关注，并在这种关注中激活儿童身心感官，儿童潜在的感性生命力量一点点地被唤醒。

天气变冷了，外面风很大。晴听见风在窗外吹得呼呼响，就说："好大的风。"（2009 年 11 月 1 日）

晚上晴要我带她到阳台看月亮，天气不好，没有月亮。我说："月粑粑没看见。"晴说："月粑粑躲起来了。"后面又转到另一边，说："找找看。"（2009 年 11 月 18 日）

今天出现了月牙，我喊晴过来，抱她站在窗前凳子上看，问她"看见月亮了吗？"她边抬头看月亮，边念起了"月亮粑粑，胡须吖叉……"。虽然不完整，一下跳过去，但还算流利。

我说还有星星，她说："星星怎么还不回家啰？"

看了一下，她要下来了，我就要她说"拜拜"，她就说："拜拜，明

天再见。"（2009 年 11 月 22 日）

晚饭后，晴要我抱她看星星。她一下子就看见了一颗大星星，还说"在边上"。我问她"还有吗？"她又到处看，后来又在西边看见了一颗，大声说："两颗星星。"（2009 年 12 月 30 日）

上午，带晴一起陪晴妈值班。先去看池塘里的金鱼。在桥中间，看到下面很多小金鱼，晴对金鱼们说："过来啊，我唱《我有一头小毛驴》给金鱼宝宝听。"（2010 年 2 月 8 日）

我们可以分析女儿感知世界的发展历程："好大的风"是女儿对世界直接感知的表达；看月亮而又找月亮以及跟月亮说"拜拜"，这是女儿在感知事物的同时又凭借想象与事物互动；找到两颗星星，则是女儿开始自主地发现事物；星星回家与给金鱼唱歌，则是女儿开始移情于自然事物，拉近自我与自然事物的距离。

幼儿从对身边事物的感知，逐渐地扩展到对自然事物的感知，并开始在想象中移情自然事物，由此而扩展个体对世界的兴趣，一点点培育自我向着世界的热情，进而一点点把自我融入世界之中。

随着晴会说话，我就尽量让晴学会去听鸟叫，望月亮星星，看外面的自然世界，我就是担心晴被周围的日常话语包围了，失去了对自然事物的兴趣。（2010 年 4 月 20 日）

引导孩子持续地关注自然事物，扩展孩子对周遭世界的兴趣，这对于早期儿童发展无疑是十分重要的。这其间实际上包含着双重起点：对周遭事物的兴趣，既是个体理智世界得以开启的起点，也是个体敞开对世界之爱的起点。

昨天去乡下，堂姐嫁女，去喝酒。我带晴看了资江河。回到老家回龙村，在大舅妈家让晴吃板栗，看田里的牛。在收割的稻田边，我跟晴讲我们吃的饭饭就来自田里结出来的稻谷。到伯母家，带晴去橘子树上摘橘子，我把枝丫拉下来，让晴摘，晴很高兴。到汉寿老家那边，准备出来时正好遇见一群鸭子，连忙叫晴看鸭子。

回到家里，睡觉的时候，我就一一问晴，今天看到了什么，让晴一点点把白天看到的东西回忆起来："看了牛牛、狗狗、鸡婆、鸭婆，摘了橘子。"又问"乡里好玩吗"，晴说好玩。（2010年10月6日）

幼儿跟乡村有一种近乎本能的亲近感，这主要是因为人类本身就是从乡村自然社会一点点发展起来的，这一过程直接成为个体生命的初始形态，所以幼儿成长与乡村社会更具契合性。增进孩子的乡村感知，无疑是幼儿成长的重要方式。

诗歌与音乐

这几天我去广州开会，外婆过来带晴，教了晴很多东西。晴一下子就会念"鹅鹅鹅，曲项向天歌。白毛浮绿水，红掌拨清波"，只是最后一句她要说成"拨啊拨"。外婆和晴妈反复教"拨清波"，然而我的意思是晴喜欢说"拨啊拨"，这样也很好。（2009年12月1日）

幼儿开始诵读诗歌，无疑是个体成人的重要事件。如果说前面的感知与表达都是基于切近的生活，那么诵读诗歌，特别是古诗，意味着幼儿走向日常生活之上的文化世界的开端。尽管《咏鹅》所敞开的世界也是儿童生活化的，但毕竟不是孩子切近的生活，而是需要在想象中将遥远的、陌生的生活世界带入当下。

早上，发现晴很流利地在背诵："春眠不觉晓，处处闻啼鸟。夜来风雨声，花落知多少。"这首诗我是前一段时间教的，后面两句总是有些说不好，没想到这两天让我刮目相看，一下子背诵得清晰而流畅。（2010年4月11日）

女儿很快就把《春晓》学会了，这提示我们，两岁多，正是幼儿语言发展的关键阶段。诵读古诗是提升儿童语言能力，特别是提升对母语的审美感受力的重要途径。

晴经常喜欢在我电脑上听歌，听土豆网上的儿童歌曲。晴喜欢上面的很多歌，每次要用手指着要求我放歌给她听。有时候听一首后就直接听后面接着的歌曲。如果后面的歌曲不好听，她马上就要我换一个。

晴喜欢听的歌曲有很多，听得比较多的是《打电话》《好妈妈》《爸爸》《采蘑菇的小姑娘》《拔萝卜》等；根据《乌鸦喝水》改编的同名歌曲因为有些味道，晴也很喜欢听。我专门给晴推荐歌曲《茉莉花》，晴也蛮喜欢的，还经常唱。但每次听到《三字经》的歌，晴就会说"不好听"。（2010 年 8 月 10 日）

女儿之所以喜欢听儿歌，无疑是因为儿歌蕴含了生活化的情境、优美的节奏、儿童趣味，这些特质契合幼儿的天性。听歌曲的过程潜移默化地带出了儿童基于自身生活经验的想象，实际上是在审美情境中带出儿童生活的审美化想象，孕育儿童审美的生命。

打开书的世界

下午去通程商业广场闲逛，走到三楼，晴就说要去看书。我曾经带晴去五楼弘道书店看过几次，没想到这次一到这里她就想起要去看书了。（2010 年 2 月 28 日）

带领女儿逛书店，潜移默化地唤起孩子的阅读之心。开始看书，这是个体成长过程中的重要事件。

可能因为我喜欢书、每天跟书打交道的缘故，晴也很喜欢书。早几天，晴妈和我一起给晴买了几本书，回来晴就很高兴。晴最喜欢的故事是《猴子捞月》，经常要我讲一遍之后，再让妈妈讲一遍。

几天前，奶奶带晴上厕所，晴一定要带本书去，她说爸爸上厕所时每次都带着书。（2010 年 3 月 25 日）

昨天晴妈和晴外公、外婆一起去通程商业广场玩，晴一进去就说要到书店去。外婆陪她去书店看了很久的书，晴一定要买书，又给她买了 3 本小书。（2010 年 4 月 19 日）

爸爸自己爱读书，不知不觉就成了孩子的榜样。换言之，爸爸自己看书，带孩子逛书店，这是给孩子提供一种情境，培育孩子对书的爱；给孩子买书，读书给孩子听，陪着孩子看书，则是直接地激起孩子读书的兴趣。

晴很喜欢看书、听故事，但我发现，能给晴看的书、讲的故事很少。去年买过一本《安徒生童话》的绘本，其中她喜欢的就只有《丑小鸭》。今年初，我又给她买了几本带图画的书，其中一本就是因为中间有《猴子捞月》的故事就买了，其余的故事都不合适。这些故事要么讲的道理太复杂，比如《渔夫和金鱼的故事》，要么没什么趣味，没有办法跟晴讲。另一本书中，晴最喜欢的是《小红帽与大灰狼》的故事，我们讲给她听的时候，经常会张大嘴巴学大灰狼的样子说："我要吃了你。"晴也经常拿这个动作来吓我们。

晴喜欢的故事当中通常会有她比较熟悉的对象，比如鸭婆子、大灰狼、猴子等，还有就是情节简单、有趣。（2010 年 4 月 29 日）

在这里，女儿喜欢的是情节简单、有趣、富于想象力的童书，从此出发，一点点培育幼儿对书的兴趣与阅读的趣味。当我们说"幼儿喜欢看书"，这种"喜欢"是从自我身体出发的、直觉的喜欢，换言之，是因为幼儿所看的书契合于儿童的身体直觉。真正的喜欢是儿童个体与书籍之间的关联方式。

成为主动的爱者

有一天，晴妈在前面开车，我和晴坐后面。晴坐到我身上，突然说："爸爸，我想你。"我听了好开心。（2010 年 2 月 23 日）

中午，大家一起吃饭时，正好外面放鞭炮。晴问妈妈："放啪啪（指放鞭炮），你怕吗？"妈妈佯装很怕的样子，晴便说："吃完青菜我来保护你。"后面鞭炮停了，晴说："没放啪啪了，你不怕了吧！"（2010年 3 月 13 日）

女儿在感受爸爸妈妈的爱时，也对父母表达自己的爱。亲子之间爱的交往，带出幼儿自身作为爱之主体的存在。

如果说个体成人始于亲子之间爱的联结，接下来个体成人的逐步扩展则是在爱的关联中扩展对周遭人事的感知，进而在爱的互动中带出个体对感知、判断与爱的行动。

我们再看几个细小的片段：

> 我这段时间常常出差。晴妈问晴："爸爸又要出差了，你想爸爸吗？"晴回答："我每次都想爸爸。"
>
> 今天早晨，我帮晴穿衣服，晴说："等我长大了，我给你穿衣服。"（2010 年 11 月 15 日）
>
> 早晨睡在床上，晴有些咳嗽。我就要晴过来，说："爸爸抱抱你，感冒就会好的。"很快我也咳嗽了一下，晴马上说："爸爸感冒了，我也抱抱你，感冒就好了。"然后，晴就抱紧我了。（2011 年 1 月 30 日）

爸爸给女儿穿衣服，女儿说"等我长大了，我给你穿衣服"，女儿从爸爸的关爱中想到自己今后可以同样关爱爸爸，爸爸对女儿的关爱唤起女儿对爸爸的关爱。爸爸关心女儿感冒，女儿看见爸爸咳嗽一下，以同样的方式回应爸爸，这无疑是一种人性的行动。亲子之间爱的陪伴带出幼儿对父母亲人的爱与关注，这是个体成人的重要发端。换言之，一个人学会向着他人传达自己爱的意向，由被动的受爱者转变成主动的施爱者，由此在孤立的自我之中活出了一种他人性，一种向着他人的意向性，可谓个体成人的发端。无疑，个体成人是在人与人的真实交往中得以孕育的，个体成人的发端是建立亲子之间爱的联结，并且在爱的联结过程中相互感知，在相互感知与期待的意向结构中带出个体初始阶段的属人性。个体成人起始于自我在他人之中的渐次孕育，成于自我向着他人的温暖打开；换言之，个体成人是在他人之中活出自我与在自我之中活出他人的统一。

> 晚饭后，我们坐在沙发上，晴说："张老师说的，要帮爸爸妈妈做点小事。"她先是帮我捏捏背，又帮妈妈按摩肩膀，后面又很高兴地一个人下楼到爷爷奶奶住的屋子把忘拿的皮尺拿上来。回来我们都表扬她，还说明天一定要告诉张老师。晴好开心的。（2012 年 10 月 8 日）

主动帮爸爸妈妈做力所能及的小事情，把对爸爸妈妈的爱转化为实际的行动，这对于儿童爱的情感之发展是一个重要的提升。尽管这里的行动是基于幼儿园老师的提示，即他者的推动，但至少让孩子心中产生了帮助爸爸妈妈做事的意向。过了几天，晴又要我帮她写日记。她说：

　　　　我帮爸爸捶背，

　　　　我帮奶奶端饭，

　　　　我帮妈妈倒水。

　　　　我帮爸爸捶背，爸爸特别舒服，爸爸好开心。

　　　　现在我长高了，会做的事真不少。（2012年11月5日）

　　不难发现，晴不仅开始意识到了要帮爸爸妈妈做事，而且能意识到自己能做的事不少，还能意识到做事的结果，这意味着儿童爱的情感中理智的融入。

　　　　妈妈给晴买了一套乐扣的碗、杯子、勺子。洗澡时，妈妈问晴最喜欢哪一件，晴说："最喜欢那个有盖子的碗。"妈妈问为什么，晴说："因为那碗盖上有彩虹。"妈妈问："如果爷爷不小心把你的碗盖子扔到垃圾桶去了，会不会骂他？"晴说："不会啊，老人家怎么能骂呢？"（2012年10月11日）

　　喜欢有彩虹的碗盖子，这是女儿的自然偏好；不责骂爷爷，这是女儿的道德判断。当4岁半的女儿说出"老人家怎么能骂"时，这意味着女儿已经意识到了爷爷比有彩虹的碗盖子更重要，其对周遭人事之爱的情绪情感之中，已经开始了理智的判断与爱的选择。这无疑是儿童爱之情感的重要提升。

走向他人他物

　　　　今天是周六。上午，晴妈监考。我带晴去爬山，还坐了滑道。中午在楼下吃了饭，晴在门口大树底下扯了一把小草，小心地带到楼上。进门后，她把草放到茶几上，突然说："我要爱惜这个花。"

　　　　我马上想起不久前，我抱着晴下楼梯，晴突然说："爸爸，我要好好爱惜你。"（2011年3月26日）

　　晴关注小草，并带到家里来，这大抵是出于天性；晴说出"我要爱惜这个花"，显然并非单纯的天性，而是跟其与爸爸相处时的话语交往有着密切的关联。晴对一棵小草、一朵小花的爱，既是天性使然，也是生活培育的结果。我们跟孩子爱的交往，带出儿童爱的存在，他们凭借自身被唤起的爱而走向他人他物。我们跟孩子在一起的方式潜移默化地孕育着孩子的自我，成为他们走向世界的基本方式。

今天我有课，晴妈一个人送晴上幼儿园。中午晴妈下班告诉我，晴在上幼儿园的路上，碰到她的好朋友刘伊伊，她走前面，把书包背在胸前，做腰鼓打。晴马上学刘伊伊的动作，两个人走在一块，一起把书包当鼓打，很开心地走进了幼儿园，全然没有前段时间的不快。

下午也是晴妈一个人接晴回来，回来后晴妈跟我说，晴临出幼儿园，和刘伊伊还有晴的好朋友袁其恩，三人一起在幼儿园大厅的小火车上玩得很开心，还做鬼脸，摆照相的姿势，好开心。（2011年9月16日）

当幼儿开始有了亲近的伙伴关系，意味着个体已经开始内在地意识到他人，意识到自我与友伴的共在，儿童的生命就开始向着无限他者扩展。友伴的形成意味着个体开始超越基于自然血缘的家庭生命体而走向超越自然血缘的社会共同体。换言之，儿童开始有了属于他们自身、不同于亲人的独特而亲密的生命交往共同体。

从办公室出来，准备回家，路过枣树，正好今天风大，又看见地上有颗枣，晴高兴极了。我就说，这是树伯伯特意要送给你的。

下午三点多，午睡醒来，晴就问我："那枣树为什么每次都会给我一颗枣子呢？"我回答道："因为他喜欢你啊，他要风伯伯吹一下，就送一颗枣子给你。"晴眼睛里闪着高兴。（2011年9月18日）

当爸爸说出"树伯伯特意要送给你"时，爸爸是把树拉到女儿的世界之中，无形之中唤起了女儿对树的想象与关切。随意的举动、简单的话语，增进了幼儿与周遭事物之爱的联系，让儿童活在人与事物的关联之中，真实地活出人与世界的联系。

从乡里带来的鸡喂了好些天了，用绳子拴着，不自由，鸡越长越瘦，像有病的样子，只能杀掉了。但晴一直不肯，因为她每天都要看鸡、喂鸡、逗鸡玩。妈妈想了一个办法，跟晴说，警察叔叔骂我们，鸡养到这里，到处是鸡屎，好脏的，不杀不行。晴很怕警察叔叔，这一说就同意了。奶奶说再过两天杀，晴也不同意，说警察叔叔会骂人的。同意杀鸡后，晴又说了一句，"可是……鸡会哭吗？"（2012 年 2月 20 日）

晴在楼上，经常听到鸭子在楼下的叫声。晴说："鸭鸭在想我了。"

每次回来，晴都要找鸭鸭玩。晴上楼，或者外出，鸭鸭都会跟着走过来。晴再跟鸭鸭说拜拜。（2012 年 8 月 30 日）

11 点多钟，我下楼陪晴玩。先是带晴给爷爷奶奶种在花圃里的菜浇水。晴很开心，爷爷打了一桶水来，她用一个洒水壶像模像样地浇水，把鞋子都弄脏了。要是平时，晴一定会哭闹的，这次把袜子脱下来，翻了个面，又穿上了。

浇完水，鸭鸭也过来了。鸭鸭很喜欢晴，老是跟着晴跑。我们一起走到草坪里来。晴突然问我："爸爸，蚂蚁可怜吗？"我说："蚂蚁不可怜啊！只有鸭鸭才可怜，只有一只，没有伴。"晴马上说，"我是鸭鸭的朋友呢！"（2012 年 10 月 4 日）

幼儿天性中就喜欢小动物，让孩子跟小动物接触，无疑可以扩展孩子对世界的感知，培育孩子的生活想象，培养孩子的同情心，唤起儿童多样化的情绪、情感。简言之，尽可能多地扩展儿童跟周遭事物包括小动物的交往，可以极大地激活儿童的生命活力，增进儿童的生命体验，扩展儿童的生命世界。

关注他人他物，向着他人他物敞开自我，从家庭开始的关注亲近他人走向社会空间中与同伴的友好，这是个体成人的飞跃，或者说是儿童发展的重要阶段。这实际上是个体走向宽广的社会世界的发端，是一个人开始接纳他人他物、乐于跟陌生的他人相处并成为朋友的，儿童社会性发展的重要阶段。

四、儿童发展的高级阶段：体验美好

从婴儿开始，孩子已经有了基于本能的愉悦之体验，但一个人能自觉地体验美好，并且能有意无意地去创造这种美好，无疑是儿童发展的高级阶段。这个阶段是从 4 岁左右开始的，当然，这里会因人而异。

体验爱、体验美

昨天晴蛮高兴的，我和妈妈去接晴的时候，晴当着老师的面跳起了刚学的舞。回到家后也表演给爷爷奶奶看：

"小花猫，上学校，

老师上课它睡觉。

左耳朵进，右耳朵冒，

你说可笑不可笑？

喵……"

晴一边唱，一边做动作，蛮开心的。（2012 年 3 月 8 日）

美育无疑是幼儿教育的中心，不仅如此，4 岁的幼儿学会了舞蹈，就想表演给亲近的人看，得到大家的认可。女儿回家后开心地表演给爷爷奶奶看，意味着她在跳舞给爷爷奶奶看的过程中得到了快乐，自我生命得到充实。而她快乐与充实的基本质素，就是在舞蹈中呈现出来的美与亲人观看呈现出来的爱。这意味着，从这个时候开始幼儿已经能觉察他人的期待并回应这种期待。如果用一句话来概括此时此刻的幼儿教育，大致可以说就是在爱中展开的审美教育。从目标来看，幼儿教育的中心就是体验爱、体验美。正是爱与美的体验带出了幼儿积极向上的生命姿态。

自由与创造中的美好事物经验

晴周六上午 10 点去新民路学跳舞，周日下午四点学画画和剪纸。

我去麓山宾馆那边有点事，约好晴她们在通程麦当劳见面。走进麦当劳，晴妈去买吃的，我跟晴在一起。

> 我问晴："今天学画什么？"
>
> 晴答："今天画了向日葵。"
>
> 我随即抱着晴说："你就是我的向日葵。"
>
> 晴马上回答："你就是我的太阳。"（2012 年 9 月 23 日）

这是我跟 4 岁半的女儿的对话。在这里，爸爸问女儿"学画什么"与女儿回答"画了向日葵"，这都是日常生活层面的对话。爸爸一句"你就是我的向日葵"无疑是对日常生活层面思考的跃升，正是父亲富于爱与想象力的激励，女儿则迅速地以同样富于爱与想象力的话语"你就是我的太阳"应答。父女之间温暖而诗意的交流，激发了幼小的女儿富于爱与想象力的应答。当女儿说出"你就是我的太阳"时，女儿的生命充分展开，爱与美成为点燃其当下生命的精神力量。

我们来分析这个情境发生的基本原理：首先，女儿学画回来，父亲与她随意交流，父女之间非同一般的亲近与熟悉的生命联系，是女儿对话得以深入展开的基础；其次，父亲得知女儿画的是向日葵，马上就说"你就是我的向日葵"，这是父亲进入女儿的世界之中，迅速开启了女儿的世界与父亲的联系通道，让女儿的画进入亲子关系结构之中，并向女儿表达对她的爱与欣赏，同时也是激发女儿自我想象的美好期待；最后，女儿受到父亲的影响，并在父亲的引导下，同样进入了父女俩共同创设的情境之中，自然地进出"你就是我的太阳"的表达，使父女对话达到顶点。

我们再详细分析从父亲到女儿所发生的视角的转换，就父亲而言，"你就是我的向日葵"，言说的路径是女儿—父亲—向日葵，换言之，在这里，父亲一开始就把自己置于女儿的立场，在把女儿比作美好事物，也就是向日葵的同时，拉近女儿与父亲的距离，自然地传达出父亲对女儿的挚爱；就女儿而言，"你就是我的太阳"，言说的路径是爸爸—女儿—太阳，女儿在借鉴父亲的话语模式的同时，也学会了理解爸爸，站在爸爸的立场来看爸爸与女儿的关系。概言之，就是学会站在自己的世界之上来看待自我与世界的关系，或者说学会在自我与他人和世界的关系之中来认识自我，从而超越孤立的自我生存。显然，这个片段中教育意义的发生，首先是情感的激励，即父女之间温暖亲子之爱的深化；其次是一种智性的提升，也是一种智性的扩展，女儿对父亲的及时性应答，不仅仅是一般理智思维能力的显现，同时还是基于直觉的综合性理智创造能力的迸发。整个情境，绝非儿童过去既有教育经验的复制，而是富于活泼生命意义的洞见之创造性生成。

无疑，女儿在此过程中得到了某种生命的激励与内在的生长。这里的关键在于，儿童成长何以找到自我发展的内在力量，或者说究竟是什么构成了儿童此时此刻精神发展的关键质素？显然，这一过程中，既有儿童的认知性发展，也有儿童的创造力显现，但这些都不是最重要的，或者说仅有这些都不够，更重要的是还有一种把这些学习整合起来并进一步提升的内在力量，由此而使个体不仅仅是作为一个聪明的智能动物置身于亲子交往情境之中，而是作为一个内心欲求美好事物的人。不难发现，这一过程正是获得美好事物体验的过程。简言之，如何让儿童在成长过程中，在儿童敞开自我对周遭人事的感知、想象与理智建构的同时，尽可能地获得美好事物的体验，由此而激活儿童内心对美好事物的欲求，这一沉淀于个体生命之中的欲求，就变成了整合儿童个体生命发展、引领儿童不断向上向善发展的内在生命力量。

这里的美好事物体验，主要体现在两个层面，一是凭借人与人富于爱心而有深度的交往促成彼此之间爱的深化，由此达成对个体生命的爱的激励。二是因为个体在与事物的理智联结之中凭借个人直觉而发生的生命创造，由此达成个体理智生命的激励。综合起来，这其间所蕴含的主要的质素包括对人事的感知与想象、自由与创造、爱与温暖、信任与激励，其中心就是人与人之间富于爱心、智慧的生命联结和彼此激励。懵懂之时，照亮个体平淡的日常生活经历与朦昧心灵的正是美善事物的初始体验。

我们再来分析这一过程发生的内在机理：首先是儿童有一定的生活体验积累，在女儿这里是自己对画画的兴趣和开始学习画画的经验，当然，更重要的是平时跟爸爸在一起的生活体验；其次是当下富于爱心与诗意的父女交往情境的发生；最后是女儿以爱的涌流为内在动力，以自身的感知、记忆、想象、思维的综合为基本过程，以洞见的迸发为具体内容，创造性地投入并回应亲子交往情境。儿童发展到这个阶段，实际上已经是一种综合而创生着的生命实践，即基于儿童既有经验，以富于爱心与智慧的交往来激励儿童富于爱心与智慧的生命实践，进而整体地提升儿童的生命存在。换言之，这个细小的片段实际上已经具有了一切美好教育情境的基本质素。

　　不难发现，儿童成长的具体内容直接地显现在三个基本层面：首先是儿童身体及其机能的发展，可以说是儿童作为生命自然的发展，包括儿童自然肉身的成长以及诸种身体感官能力的发展，包括语言能力的发生、发展；其次是建基于儿童身体及其机能之上的儿童社会性之发展，以及建立在两者之上所萌发出来的儿童对世界的感知；最后是儿童置身世界之中的自由与创造性的提升，以及由此而来的儿童精神性之发展，这里所涉及的是儿童对周遭人事的爱与关怀、对自我的有形无形的悦纳与肯定以及由此所形成的个体的情感态度。

　　这里一个关键的问题在于，三者之间是彼此相连、相互渗透、共同发展的关系：儿童的自然性发展总是以朝向社会性的方式得以展开，而儿童社会性之发展则始终依托于儿童的生命自然；儿童自然性的发展与社会性的展开总是潜移默化地孕育着儿童个体向着他人与世界的基本情感态度，进而一点一滴、缓慢地生成个体对世界与自我的基本价值立场。无疑，儿童发展就其水平而言，具有明显的阶段性，但即使是最初的阶段，婴儿也是作为一个潜在的整体而得到发展。换言之，儿童之为儿童的发展始终是作为一个整体而得到发展，是逐步从隐在的整体性向着显在的整体性发展，从无意识的整体性向着有意识的整体性发展，从自然的整体性向着自觉的整体性发展。儿童发展的几个阶段，渐次累积在个体生命历程之中，成为其后个体人生发展的隐在基本结构和先前发展的基本态势，一点点带出个体完整人生发展。正是在这个意义上，一个人最初的发展奠定着以后人生发展的基本方向。

第二章
回到开端：儿童教育的蕴含及其实现

好的开端是成功的一半。开端对一个人的发展无疑具有关键性的奠基作用。开端之所以重要，是因为个体成长伊始，就是作为一个整体而得到孕育。人生是一个不断发展的过程，早期儿童生活的展开实际上奠定了个体其后人生发展的潜在生命结构。正如柏拉图所言："凡事开头最重要，特别是生物，在幼小柔嫩的阶段，最容易接受陶冶，你要把它塑成什么型式，就能塑成什么型式。"① 这意味着不断地回到开端，切实地理解儿童以及儿童教育的蕴含，具有非同寻常的意义。

一、重新认识儿童：作为整体的生命

"幼稚期（自出生至 7 岁）是人生最重要的一个时期，什么习惯、言语、技能、思想、态度、情绪，都要在此时期打一个基础，若基础打得不稳固，那健全的人格就不容易形成了。"② 陈鹤琴在这里提出了儿童早期对个体整体性人格的影响，实际上已经提到了儿童作为整体生命的问题。关键的问题在于，什么是儿童发展的"基础"？这个"基础"究竟从何时开始？儿童发展是一个整体，特别是早期儿童发展，犹如一个模糊的黑箱，我们无法观察清楚，但其间确实包容着儿童情感与思维的萌芽，突然之间，某一天就会以整体的方式显现出来。

我们来看 1 岁 4 个月的辰（男孩，2015 年 8 月出生）的表现：

> 接连几个早上，外公刚把面端到桌子上，辰就马上到书房，直接把我拖出来，一直拉扯到餐桌旁，坐下来吃面。这几乎已经成为他的习惯。

> 不仅如此，每天早上晴要上学了，辰马上就会从沙发上拿一条红领巾给姐姐。我要出门的时候，辰马上过来给我拿鞋子，正如我每次回来，辰都会跑过来给我找鞋子一样。（2016 年 12 月 7 日）

辰拖爸爸出来吃面，这个在成年人看来十分简单的日常生活行为，其实

---

① 柏拉图. 理想国. 北京：商务印书馆，1986：71.
② 陈鹤琴. 家庭教育. 上海：华东师范大学出版社，2018：自序 12.

蕴含着不简单的意义。这其中，至少包含五个环节：一是观察与记忆，即记住曾经观察到的爸爸吃面的场景；二是联想，即看到外公端出面条来，马上联想起爸爸吃面的场景；三是思考与判断，看到面条出来了，推断爸爸要吃面了；四是十分重要的一点，那就是对爸爸的爱，正是爱才使得辰关注爸爸的事情，进而想到要喊爸爸来吃面；五是直接跑过去喊爸爸来吃面的行动。这样，辰的行为隐含了彼此关联的五个环节：观察与记忆、联想、思考与判断、爱、行动。不难发现，不到 4 个月大的婴儿，已经表现出较完整的生命行动。也可以说，到这个时候，其实就已经可以清晰地看出个体成人的初始形态了，即一个人懂得把自我置于与周遭人和物的关联结构之中，怀着爱心来整体地回应周遭情境。

颇有意思的是，从辰的行为中可以明显地看出辰认知发展的过程：首先是认识爸爸、妈妈、姐姐、红领巾、面条，也就是静态的人和事物；其次是逐步认识爸爸吃面、姐姐上学、爸爸出门换鞋、爸爸回家换鞋这些关联性情境，即开始认识人与事物之间的关联；最后是开始意识到自己与周遭事物的关系，让自我置身情境之中，即从意识到爸爸、面条作为静态的物，到爸爸吃面条作为动态的情境，再到"我"要喊爸爸吃面条这一自我参与其中的整体性情境。这一情境中，辰不仅给自己的世界创造了意义，即一方面证实自己的能力（"我能喊爸爸吃面条了"），另一方面真实地活在与爸爸的关联之中，找到自己进入爸爸世界的方式，或者说爱爸爸的方式；同时也给爸爸的世界创造了意义——爸爸的世界不仅有一个静态的儿子，而且是一个鲜活的、逐步变得有爱心的、真实地关联于爸爸生活中的不断成长中的儿子。

"个体发展早期，人作为感性自然的存在，更多的是以个体身心感官来接触世界，形成个体与世界的感性的联系，这种联系往往是整体性的，未分化的，可以称为感性的综合阶段。"[①] 个体对世界的认知方式折射出来的正是个体自身的存在方式；换言之，早期儿童尽管不能准确地认知周遭世界，但却可以凭借自身的天赋本能和模糊而开放的多维身体感知，形成对周遭事物的直觉而整体的判断与回应。这里十分重要的一点就是，儿童不仅仅是整

---

① 刘铁芳. 追寻生命的整全：个体成人的教育哲学阐释. 北京：高等教育出版社，2017：67.

体地感知世界，同时这种感知会直接地唤起个体对周遭世界的态度，并转化成实际的行动。这提示我们儿童发展的整体性，即儿童一开始就作为整体而发展。一个人年少的经历之所以在个体成长中起着重要的奠基作用，在于儿童发展初始阶段的模糊或混沌的整体性；换言之，早期儿童是作为模糊而整体性的存在。"儿童的好奇心，他的探索，他的涂鸦，他的绘画，他的幻想、梦想，他的游戏，他的言说，他对世界的童话般、神话般的理解与把握，他以自己的五官、肢体、躯体对世界接触、感知、互动，从而，全方位把握世界。"① 正因为早期儿童发展具有模糊性，故儿童发展充满着不确定性，有着无限可能性；正因为早期儿童发展具有整体性，故儿童发展具有包容性，即包容、孕育着个体其后发展的几乎一切重要的质素，诸如认知、情感、态度与价值偏好等在混沌中的孕育与生长。

沉浸于吃奶的婴儿、在妈妈怀抱里咿呀学语的幼儿、在草地上蹒跚学步的幼童，总会给人一种纯净的美感。早期儿童作为一个混沌的生命整体，其间自有某种内在的单纯、素朴与和谐。儿童早期发展中保护性的爱与引导，正是建立在对儿童早期发展之初始性内在秩序的保护与促进。换言之，儿童早期教育需要某种基于爱、美与和谐相统一的纯一性，这是要保护个体初始生命形态本身的和谐、单纯与宁静。这意味着儿童教育，尤其是早期儿童教育不能杂多，即不能过于复杂、多样。早期教育的杂多，容易破坏个体生命发展基于自然的初始整体性，导致早期儿童心灵发展的无序化。正如柏拉图所言："一个儿童从小受了好的教育，节奏与和谐浸入了他的心灵深处，在那里牢牢地生了根，他就会变得温文有礼；如果受了坏的教育，结果就会相反。"② 柏拉图提出早期优美文艺教育的重要性，是要塑造个体生命的原型，使得个体孕育出一种趋向美好事物而排斥丑恶事物的生命意向，由此而奠定个体明智、美好的品格雏形。就早期儿童生命自身成长的内在秩序而言，早期儿童教育侧重美好事物的优雅引导，正是要在保护个体初始自然生命整体的单纯与和谐的基础上，一点点激活儿童对美好事物的经验与欲求美好事物

---

① 刘晓东．论儿童的哲学与儿童哲学课．苏州大学学报（教育科学版），2019（3）．
② 柏拉图．理想国．北京：商务印书馆，1986：108．

的生命意向。

个体成长在混沌之中,这种混沌的经验不断生长,不知不觉之中形塑着儿童发展的内在方向。承认早期儿童发展的整体性,意味着早期教育的根本任务是激活、引发、扩展这种整体性,让年幼个体与世界的整体性相关联,由此带出个体存在的整体性,避免过早单一的训练,弱化了个体向着世界的整体性感知与由此而来自我生命在潜移默化之中的整体性打开。早期儿童教育的重心就是让儿童个体充分舒展自己的感知、想象,把自我身心整体融入与周遭事物的关联之中,让此时此刻的儿童生命充分地舒展、自由地显现,让他们的生命趋于丰盈而饱满。

值得特别关注的是,儿童早期生命的整体而优雅的展开离不开成人积极的爱与陪伴,直白地说,儿童早期发展过程中成人的陪伴,潜移默化地引领着儿童整体性生命发展的内在方向。儿童以游戏的方式自由地打开自我生命,获得多样而充实的生命体验,并经由成人的参与,在不知不觉中得到某种引导与暗示,在唤起孩子对生活世界的爱与热情之时,潜移默化地带出儿童一点点向前发展的方向。这意味着早期儿童美好生活体验的完整性,本身就内含着整合自身发展的内在力量的萌芽。换言之,儿童正是凭借美好事物的体验而趋于生命的丰盈与美好,并在此过程中敞开儿童发展的内在方向,一点点萌生出引导个体人生发展的美善力量。"我们必须寻找一些艺人巨匠,用其大才美德,开辟一条道路,使我们的年轻人由此而进,如入健康之乡;眼睛所看到的、耳朵所听到的艺术作品随处都是,使他们如坐春风,如沾化雨,潜移默化,不知不觉之间受到熏陶,从童年时,就和优美、理智融合为一。"① 儿童早期发展就是在美好事物的引领中让年幼的个体生命得以涵化,一点点敞开朝向美好事物的生命通道。不难发现,在这里,正如杜威所言,儿童的生活即儿童的生长,这个阶段的教育即活生生的生活本身,即活生生的生长本身,儿童教育的展开就是儿童生活的充分展开。

在这里,我们可以把个体发展与种族发展联系起来,个人的发展实际上跟种族的发展有着某种相似性:我们首先是认识单个的物,其次是认识物与

---

① 柏拉图.理想国.北京:商务印书馆,1986:107.

物之间的关联，最后是把自我纳入事物的关联之中，从"我"与事物的关联中找到自己的位置，进而采取相应的行动。单一性地观照事物，是把事物纳入个人之中，逐步形成个体对周遭事物的单一印象；关联性的认识事物，则意味着个体逐步意识到周遭人与事物的关联；前面两者都是个体逐步把周遭世界纳入自我之中，以获得自我的扩展，而第三个阶段则是把自我纳入周遭事物之中，更多地意识到自我与世界的联系，并活在这种联系之中，以获得存在意义。值得一提的是，这几个阶段虽然具有逻辑上的先后顺序，但就其发生而言，则往往是同时的，只是其复杂程度会随着时间的推移而逐步扩展。换言之，人类意识的发展在不同发展阶段有水平差异，但在整体性上却是一致的，可以说是一种整体性的螺旋上升。伴随人类意识的发生，随之而来的就不仅仅是人类认识世界之意识的发生，同时也包容着人类在世界之中的自我确认，也即寻求自我与世界的关系，并不自觉或自觉地做出相应的情感价值判断与回应。

斯宾塞在《什么知识最有价值》一文开宗明义地写道："从时间的先后看，可以说人类先有装饰后有衣着。一些忍受身体疼痛去文身的人很少设法去减轻这种痛苦。……就是在我们中间，多数人对衣料的华美比对它的温暖考虑得多，对剪裁的样式对穿着的方便考虑得多——当我们看到效用仍然多半从属于外观这个事实，我们就更有理由推断出这样一个起源。奇怪的是在心智方面也有同样的情况。在心智方面同在身体方面一样，我们所追求的都是装饰先于实用。不只在过去，在我们现代也差不多一样：那些受人称赞的知识总放在第一位，而那些增进个人福利的知识倒是放在第二位。"[①] 斯宾塞原本是要论证教育应该从实用出发，以此来针砭传统教育不顾及实用价值，但他在这里却道出了一个基本事实，那就是就人类发展史而言，表现出来的基本规律是装饰先于实用。简言之，人之为人，不仅仅是作为消耗物质而保障自我身体的存在，同时是作为超越物质享受而敞开自我精神世界的存在，个体敞开自我精神世界的基本方式正是装饰，即审美。对于幼儿而言，在生存本能之上，游戏可以说是第一位的。在儿童生活世界之中，有亲近的

---

① 斯宾塞. 斯宾塞教育论著选. 北京：人民教育出版社，1997：53-54.

人陪着玩游戏，远胜过好吃好穿。简言之，在保持基本生活条件的基础上，孩子更在意的是非功利性的游戏，而非物质的享受；是让自己游戏起来，而非物质条件的改善。这提示我们，考察个体成人的开端，伴随个体成人意识的萌芽，个体生命所敞开的是作为实体的存在与作为精神的存在之统一。

这里值得思考的一个问题是，儿童生活的事实如何促成儿童成长的价值性生成？18世纪，休谟（David Hume，1711—1776）提出著名的伦理难题，什么是事实和什么应该是事实是逻辑上不同的两个概念，从一个之中无法推出关于另一个的结论①。就理论逻辑而言，一个人怎么做不能推断出一个人应该怎么做，事实推不出价值，但就现实而言，一个人确确实实地从单纯自然的存在逐步成长为一种为美善价值所浸润的存在，即价值感成为个体生命的事实。"一个儿童从小受了好的教育，节奏与和谐浸入了他的心灵深处，在那里牢牢地生了根，他就会变得温文有礼；如果受了坏的教育，结果就会相反。再者，一个受过适当教育的儿童，对于人工作品或自然物的缺点也最敏感，因而对丑恶的东西会非常反感，对优美的东西会非常赞赏，感受其鼓舞，并从中吸取营养，使自己的心灵成长得既美且善。他能对任何丑恶的东西不自觉地加以谴责，虽然他还年幼，还知其然而不知其所以然。等到长大成人，理智来临，他会似曾相识，向前欢迎，因为他所受的教养，使他同气相求，这是很自然的。"② 一个人年少阶段好的或坏的价值体验，潜移默化地滋养着个体心灵，成为个体惊艳世界的价值原型。价值对于个体而言是活出来的事实，即个体成长过程中体验到某种价值，进而唤起个体内在的价值体验结构，由此而形成个体向着外在世界的价值期待与价值意向，成为个体其后进行价值判断与选择——用柏拉图《理想国》中的说法就是"同气相求"——的内在依据。这意味着站在个体成人之发生的立场而言，一个人生活着，本身就内含着价值的生长，即一个人知道自己应该过一种什么样的生活，过一种追寻美善价值的生活。一个人生活在人与人构成的生活和交往的世界之中，这个世界本身就是价值性的，或者说隐含着某种价值，个体向着

---

① 蕾切尔斯. 道德的理由：第5版. 北京：中国人民大学出版社，2009：64.
② 柏拉图. 理想国. 北京：商务印书馆，1986：108.

生活世界打开自我，并带出自我发展的过程本身。换言之，事实固然推不出价值，是什么推不出应当如何，但事实中的人本身就是价值性的，人赋予事实价值。在这个意义上，个体成人的发生，即个体有意无意之中萌发出对美善价值的追求，逐步自觉地以价值来观照周遭事物，过一种有价值的生活。就儿童教育而言，我们就是要在个体年少阶段，以美好事物的价值体验浸润个体，让美善价值体验浸润人心，成为个体生存的基础性事实。

儿童美好生活体验具有阶段性，教育对儿童美好生活的引领同样有阶段性。儿童发展早期，美好生活的展开重在从儿童自然生命存在出发，这个阶段教育的引导重在激活并不断敞开儿童自然生命朝向美好事物的可能性，即以美好事物的体验来善导儿童自然生命，带出儿童美好生活的可能性。伴随儿童的深度发展，即当儿童社会化程度加深时，儿童生命逐渐认同于社会规范之中，这个阶段儿童美好生活的引领就呈现出双重维度：一是儿童实存生命状态向着更高美善事物的开放性，即进一步保持并深度敞开儿童朝向美好事物的可能性；二是为免于或减缓儿童社会化过程中活力的过度衰减与儿童发展的过早固着化——这种固着化在个体发展任何阶段都是一种障碍——儿童实存生命还需要向着儿童自然生命状态敞开，即向着儿童发展的初始状态敞开。儿童发展在任何时候都不能终结于某种固定的状态，而是始终保持着新的可能性。这意味着旨在发展儿童美好生活的教育需要时刻保持儿童个体在自由与规范、自然与文化之间的生动张力，保持个体发展的内在辩证法。儿童美好生活究其实质是持久地朝向美好的生活，而不是固着在某种既定状态的生活。

二、融身于世界之中：儿童的游戏、交往与学习

个体成人之基本路径是一个人能意识到自我与周遭人事的关联，从而恰当地活在人与人、人与环境之中，这提示我们个体成人之开端，是一个人如何向着世界打开自我，形成自我与世界之间的温暖联结，从而一点点让自我融身世界之中。儿童是以整体的方式与世界相遇，游戏就是儿童融入世界的基本方式，儿童在游戏中交往，在交往中游戏，交往与游戏就是儿童的学习

方式与成长方式。季羡林先生曾在他的《朗润思语》中写道：

> 我从小学到初中，不是一个勤奋用功的学生，考试从来没有得过甲
> 等第一名，大概都是在甲等第三、四名或乙等第一、二名之间。我也根
> 本没有独占鳌头的欲望。到了正谊以后，此地的环境更给我提供了最佳
> 游乐的场所。校址在大明湖南岸，校内清溪流贯，绿树成荫；校后就是
> "四面荷花三面柳，一城山色半城湖"的"湖"；岸边荷塘星罗棋布，芦
> 苇青翠茂密；水中多鱼虾、青蛙，正是我戏乐的天堂。我家住南城，中
> 午不回家吃饭，家里穷，每天只给铜圆数枚，做午餐费。我以一个铜板
> 买锅饼一块，一个铜板买一碗炸丸子或豆腐脑，站在担旁，仓促食之，
> 然后奔到校后湖滨去钓虾，钓青蛙。虾是齐白石笔下的那一种，有两个
> 长夹，但虾是水族的蠢材，我只需用苇秆挑逗，虾就张开一只夹，把苇
> 秆夹住，任我将它提出水面，决不放松。钓青蛙也极容易，只需把做衣
> 服用的针敲弯，抓一只苍蝇，穿在上面，向着蹲坐在荷叶上的青蛙，来
> 回抖动，青蛙食性一起，跳起来猛吞针上的苍蝇，立即被我生擒活捉。
> 我沉湎于这种游戏，其乐融融。至于考个甲等乙等，则于我如浮云了。①

游戏所带来的美好体验更多的是自然的、非自觉的、身体性的愉悦，这
种快乐体验要逐步转向持续的儿童美好生活的形塑，有赖于持续的交往与引
导，即从自然到自由的逐步渗透。如果看待儿童早期阶段的学习，这是个体
成长中的关键问题。"最初几年的教育应当纯粹是消极的"，不要急于求成，
"不仅不应当争取时间，而且还必须把时间白白地放过去"②，着力锻炼他们
的身体，培养他们的感知能力，身体与感知能力的充分发展正是为个体生命
发展奠定真实的基础。换言之，儿童早期阶段的学习当然是重要的，但关键
的问题是学什么、怎么学？当季羡林说自己从小学到初中"不是一个勤奋用
功的学生"时，是说这个阶段他并没有把主要的精力和兴趣集中在以书本知
识为基础的课堂学习上；相反，他主要感兴趣的是跟自然多样而鲜活地交
往，诸如钓虾、钓青蛙，以至于"沉湎于这种游戏，其乐融融"。换言之，

---

① 季羡林. 朗润思语. 北京：中国友谊出版公司，2005：20-21.
② 卢梭. 爱弥尔. 北京：商务印书馆，2001：96.

年少阶段的季羡林并非没有课堂学习，他同样遇到了"人品道德，有口皆碑；民族气节，远近传扬"的校长、堪称饱学之士的国文教员以及水平很高的英文教员，潜移默化地引领他的语言学习、阅读和精神品格①，而是他不局限于书本学习，或者说适度弱化了书本学习以及"考个甲等乙等"的重要性，从而更多地倾心于在与自然的接触中释放自己的天性。这实际上提示我们，一个人年少阶段的知识学习与相应的考试成绩并没有我们想象中的重要，真正重要的是如何整体地向着世界打开自我，在激活个体身心官能的同时，启迪个体向着世界的爱的情感与理智的兴趣发展，让个体真真切切地活在世界之中，活在自我与世界的有机而生动的关联之中，即融身于世界之中。

今天是周日，难得比较闲暇。我早上起来，照常搞学习。快9点了，吃过早餐，外婆要我去看看辰。我进入卧室，辰已经醒来了，一个人在玩。

我先陪辰一起玩玩具车，床上摆放了好多小玩具车。辰挑选几个小车出来，一个个问我："这是什么车？"我犹豫着要回答的时候，辰会很快自己说出来，"这是消防车"，"这是警车"。

玩了一下车，我跟辰说，"我们看书，好吗？妈妈给你带来了好多书。"辰马上答应，"好！"他很快就自己爬下床，到书房去拿书，我拿

---

① 季羡林这样写道：

校长鞠思敏先生是山东教育界的老前辈，人品道德，有口皆碑；民族气节，远近传扬。他生活极为俭朴，布衣粗食，不改其乐。他立下了一条规定：每周一早晨上课前，召集全校学生，集合在操场上，听他讲话。他讲的都是为人处世、爱国爱乡的大道理，从不间断，在潜移默化中对学生会有良好的影响。

教员也不全是 jiu kuai 先生，其中也间有饱学之士。有一个姓杜的国文教员，年纪相当老了。由于肚子特大，同学们送他一个绰号"杜大肚子"，名字反而不彰了。他很有学问，对古文甚至显学都有很深的造诣。我曾胆大妄为，写过一篇类似骈体文的作文。他用端正的蝇头小楷，把作文改了一遍，给的批语是："欲作花样文章，非多记古典不可。"可怜我当时只有十三四岁，读书不多，腹笥瘠薄，哪里记得多少古典！

另外有一位英文教员，名叫郑又桥，是江浙一带的人，英文水平极高。他改学生的英文作文，往往不是根据学生的文章修改，而是自己另写一篇。这情况只出现在英文水平高的学生的作文簿中。他的用意大概是想给他们以简练揣摩的机会，以提高他们的水平，用心亦良苦矣。（季羡林. 朗润思语. 北京：中国友谊出版公司，2005：19 - 20）

年少的季羡林在正规教育层面也许不是特别用功，但晚年还能如此清晰地回忆起来，表明这些正规的学习还是在潜移默化之中影响他。

了绘本《逃家小兔》,辰拿了他的看图认物的书。我本来想和辰一起看《逃家小兔》,辰却没有兴趣,而是打开了《认物》的图画书。我们就一起看图画书。

辰随手翻开,看到一个物品图画,就问"这是什么",我说"这是皮球"。辰接着说"这是皮球"。辰随机做出使劲拍球的样子,一边开心地说:"拍,拍,拍!"

翻到雨伞,辰说:"这是雨伞。"紧接着,辰一边做出下雨了要赶紧打伞的样子,一边说"下雨啦!下雨啦!"我也跟着喊"下雨啦",和他一起手舞足蹈。

翻到一个带碟拖的小茶杯,辰问"这是什么",我说"这是水杯"。辰马上做出喝水的样子,说:"喝水,喝水。"

翻到一个闹钟,辰问"这是什么",我说"这是闹钟"。辰问"闹钟是做什么用的",我回答"看时间的"。辰马上说:"5点了,起床了!起床了!"同时做出起床的样子。

翻到一个台灯,辰问"这是什么",我说"这是台灯"。辰指着床旁边的台灯说:"这是台灯。"

后来我和辰又一起看蔬菜园的图画书。翻到土豆,辰问"这是什么",我说"这是土豆"。辰又说:"土豆坏了。"原来辰是看到土豆的图片有小眼,以为是坏了。

看到辣椒,辰问:"这是什么?"我说:"这是辣椒。"辰马上说:"好辣的,好辣的。"还做出吃了很辣的东西的样子。看到茄子,辰说:"这是茄子。"紧接着说:"好难吃的。"翻到南瓜,辰问:"这是什么?"我说:"这是南瓜。"辰马上说:"好难吃的。"

看了一阵书后,我和辰一起下床了。辰要骑车,我就陪辰一起玩了一下骑车。(2018年7月1日)

可以看出,辰的学习之发生,一是过去对记忆的激活,即把过去的记忆带入当下;二是与周边事物的关联,即把周边关联事物带入当下;三是重新认识当前事物,深化对当下事物的认知;四是扩展事物的认识,让过去的经验得到扩展与延伸。学习的过程是生动地激活儿童当下存在的过程,并在这一过程中让儿童的生活世界得到丰富与扩展。

这提示我们早期儿童学习的身体性与情境性。儿童学习并不是抽象的概念学习与智化学习，而是通过某种学习情境，激活儿童的记忆，把儿童与熟悉的周遭事物联结起来，带出此时此刻儿童的生命活力，即通过学习活动，把儿童的记忆、想象力、思维力和包孕着想象力与思维力的当下生命真实地敞开，学习某一个物件，就会迅速地把自我投射到该物件之上，并且直接在其身体上显现出来。"我们自身就是作为身体的存在，我们身体性地存在于世界中，身体性地认识自我、他者、事物以及世界，学习的发生首先以我们赖以存在的身体为基础。"① 这在儿童身上可以更明显地体现出来，学习情境中的儿童，是身体与思维统一的存在，身体中包孕着思维，而儿童的思维直接地融会在身体之中。"教育从身体开始，一切优良的教育总是建基于个人身体与教育事物的生动连接，或者说好的教育其实就是建立个体与教育事物之间的生动联系，而个体与教育事物之间的生动联系是从身体开始。"② 儿童不仅直接地通过身体去感知周遭事物，并且对周遭事物的喜好也会迅速地通过身体而显现出来。儿童以身体趋向周遭事物，周遭事物融入儿童的身体感知之中，成为儿童生命世界的一部分，由此而形成儿童与周遭世界的亲近联系，形成儿童向着周遭世界积极打开自我的生命姿态。正因为如此，让儿童充分地感知周遭事物，其目的并不是单纯地认知周遭事物，而是在与周遭事物的生动联系之中充分地激活儿童身体感官，带出儿童活泼而丰富的生命情态。

个体成长中的重要质素是一个人的自主性的逐步生成，自主性的生成意味着儿童开始从自我出发，去感知周遭事物，做出基于自我生命意向的回应，并在此过程中逐步拥有了对自我的意识。自主性从其发生而言就是自主地回应情境。

晚上 10 点多，辰准备睡觉，他知道自己睡觉后外婆会用平板电脑

---

① 彭杰. 现象学视角下的学习：一种新的面向和可能. 华东师范大学学报（教育科学版），2020（2）.

② 刘铁芳. 追寻生命的整全：个体成人的教育哲学阐释. 北京：高等教育出版社，2017：92.

玩游戏，就跟外婆说，外婆可以玩游戏了。辰找到平板电脑，熟悉地打开，点出游戏，让外婆自己玩。随后，辰还说了一句，"我聪明"，然后要喊爸爸过来点赞一下。外婆说要喊妈妈，辰说要爸爸。我和妈妈都进去了，我马上给辰点赞一下额头，然后又跟辰击掌，辰一边说"拍一个"，一边伸出双手来，跟我和妈妈拍手。（2018 年 6 月）

我在书房写作，外婆陪辰在客厅，外婆说爸爸出去了，辰说"爸爸在学习"。妈妈把辰抱到书房门口，辰马上说："爸爸在这里！"（2018年 6 月）

儿童在活生生的交往中，或者说儿童生命置于活生生的交往情境中，自我因为亲近他人的在场而激活，儿童对生活情境中的诸种细节做出即时性的回应，进而在这种回应中带出自身此时此刻的美好生存，亲近他人的交往本身成为一种激励儿童心智世界萌发的力量，不知不觉地带出儿童活泼的生命成长力量。

儿童的学习与发展，就发生在基于情境的自我回应之中。海德格尔把教育的过程定义为"对一个领域本质的东西做出符合一致的反应"，从现象学的视角而言，教育的本质是培养个体对其周遭环境做出变化的、更加精微的反应。与之相应，教育的目标旨在养成素养以及培养判断与活动相关意义的能力。由此，真正的教学不是信息的传递和交流，因为被告知事实是什么实际上阻碍听者获得辨别能力、灵巧能力和鉴赏力，而只有这些能力才能使人们与本质的东西契合为一。因此，好的教学经常需要教师抵抗说出其所知道的东西的诱惑，因为那样会缩短学习的过程，而恰恰是这一亲身体验学习的过程赋予学生意义感，对什么是本质的东西有了感觉。海德格尔进一步解释说，教比学更难，因为教意味着"让-学习"（let-learn）。真正的教师除了学习本身以外一无所教①。海德格尔无疑道出了立足情境之个体成长的核心所在，也即个体对情境的精微反应。儿童充分的发展，正是个体对周遭情境的充分而细致入微的反应。一切优良的教育，包括作为教育人的父母亲人、教师，就是要充分地理解基于情境的儿童发展，以尽可能充分的爱与自由关怀，让儿童更多地回应这一情境，在爱中自由地流淌出自我成长的内在力

---

① 莱索．我们仍然需要面向思的教育：海德格尔论技术时代的教育．教育学报，2011 (1).

量，而作为亲近他者，则需要抵挡自我匆忙介入其中的诱惑，以促成儿童更充分的自我回应与自身发展。

> 早上出门，辰一定要坐车，妈妈说我们去看歪树，辰还是不肯。后来我设法把辰抱过来，辰很快就忘了坐车的事情。
>
> 到了大马路，我们和辰一起数樟树的树杈，一个、两个、三个……辰很有兴趣地数数，一路十分开心。（2019 年 5 月 16 日）

我们来分析这个片段：当我们引导辰数树杈之时，辰身体转向了树杈，此时此刻形成自我与树之间的亲近联系，数数的过程不仅是一种理智的运用过程，更是——首先是——自我与树之间紧密联系的过程，即带出此时此刻辰向着树的生命状态。辰与树的关联激活了辰此时此刻的存在，辰也在此时此刻显现出一种生命的充实与完满。此时此刻，树不仅仅是作为静态的对象化的一棵树，而是作为一种与幼儿关联的情境，在此情境中敞开幼儿向着树的生命存在。前者是对象化的，后者是非对象化的；前者让幼儿获得对世界的理智认知，后者则让儿童萌发向着世界的爱，在自我朝向世界的过程中，世界也向着个体敞开，由此而带出个体在世界之中的存在。对象化的关系包容在非对象化的关系之中，换言之，非对象化关系是根本性的、基础性的，对象化关系是次生性的。

在这里，父母陪着幼儿上学的过程，成了幼儿整体地打开自我，并且自觉地回应周遭情境的过程。上学路上本身就成了儿童上学的一部分，成了儿童成长的一部分。伴随个体成长，上学过程一旦成为儿童生命整体打开的过程，这一过程就会作为个体成长过程中的美好记忆，成为个体生命的一部分。突显儿童成长过程的情境性以及儿童置身情境之中的自我回应，意味着儿童教育的过程性。爱的陪伴促成个体向着世界积极打开自我的生命意向。

> 昨天到今天，辰玩得最开心的游戏是踢球。在阳台上，我站一头，他站另一头，他把球踢向我，我打开双腿，让他的球从我双腿中间或两边穿过去，然后我再轻轻地把球同样踢过去，我踢过去的时候，辰总是会用手或脚挡住。辰用劲儿踢过来，进了一个球就特别高兴，然后说"我又得了 1 分"，还要我把得分累加起来，再兴奋地把分数大声地告诉

外婆："外婆，我得到 20 分了！"然后，重新开始踢球的时候，辰就说："现在开始大显身手了！"要是没踢好，踢到旁边去了，他就说："哎，倒霉了！"我问辰怎么知道"大显身手"的，他说是从电视里学来的。（2020 年 3 月 5 日）

辰之所以能说出"大显身手""倒霉"这样的词语，是因为踢球的情境让辰自然地想起电视中与之相似的情境，并把电视情境中使用的词语迁移过来。显然，正是相似的情境刺激孩子以语词对情境进行回应。在这里，学习的发生包含了两个过程：一是电视情境中的学习，即日常生活中的无意识学习与潜在记忆的形成；二是游戏情境的激活，即儿童自己亲身经历的相关活动形成某种关联性情境的刺激。正因为如此，新语词的使用蕴含着复杂的身心活动过程：首先是无意识中的感知、记忆，然后是相似情境的再感知与记忆的激活以及由此而来的语词的再现。换言之，语词使用的背后是儿童活跃身心状态的表征。相似情境的关联，唤起幼儿的语词记忆，由此赋予语词自我生命实践的内涵。这意味着儿童教育其实就是要从身体出发，给予儿童学习与活动的多样化，让儿童在多样的活动之中自然而然地发生情境关联，从而刺激儿童思维的迁移，在学会运用语言的过程中培育思维的灵活性。

儿童学习的奥秘正是学习与儿童生命本身的切近关联，进而通过学习达成儿童身心的充分激活，带出儿童完整而活泼的生命存在。"没有身体，就没有'我'，'我'在本质意义上就是我的'身体'，'我'是身体性的存在。"[①] 从发生视角而言，我们总是从身体开始建构自我，并且建构自我在我们的身体之中，即通过我们的身体而体现出来。儿童学习一旦抽空了儿童的身体，使儿童过早地作为理智性存在，儿童身体就只能被动地置于学习情境之中，不足以充分打开，这样的学习不足以激活儿童个体完整的生命存在，就会变成单一的理智知识的堆积与抽象世界中思维能力的训练。这样的结果是儿童变得有知识了，也变聪明了，但其自身的生命状态并没有相应变好，或者说并没有变化到与之相应的好的程度。

---

① 彭杰. 现象学视角下的学习：一种新的面向和可能. 华东师范大学学报（教育科学版），2020（2）.

正因为如此，学习作为儿童成长的基本方式，其实质是儿童生命的充分舒展，即通过适宜的学习活动带出儿童积极的生命状态。换言之，儿童学习的关键并不是儿童学到了什么，而是通过学习活动，儿童变得怎样，或者直接地说，就是儿童身体存在状态变得怎样，即经由学习活动，究竟带出什么样的儿童生命存在状态。儿童与其说是学知识，毋宁说是通过学习活动来敞开自我身体，激活生命。

三、儿童成长中的社会化：应对自然性与社会性之间的冲突

个体降生于世，原本是作为纯自然的存在，但个体降生的生活空间，实际上一开始就是一个社会化的空间。这里涉及一个重要问题，也即儿童成长的社会化问题。儿童生命的自然存在与社会化之间的冲突可谓个体成长从一开始就需要面临的问题。

> 早上 7：20，外婆开始念叨："怎么还不起床？要上幼儿园了。"辰在半睡半梦中喊："不要！我还要睡一下。"外婆打开房间的灯，辰马上喊："关灯！"（2019 年 3 月）

这是一个十分细小的生活片段，细小到我们完全无须对之保持任何的觉知，以至于它完全是作为日常生活中理所当然的无意识情境而发生的。仔细思考，细微之中隐含的问题却并没有如此简单：3 岁半的孩子早上要睡觉，这是客观性的自然事实；孩子上幼儿园，8：20 赶到幼儿园，这是客观性的社会要求；外婆喊辰起床，这是把客观性的社会要求主观性地表达给幼儿。很显然，起床本身是一件自然性的身体事件，但何时起床、以何种姿态起床，却是一个社会性事件。

不仅如此，在这里，灯光也是一个极具现代意义的隐喻性事件。孩子闭上眼睛睡觉，这是幼儿典型的自然生存状态；外婆打开电灯，灯光照亮孩子周遭的空间，明亮的灯光无疑具有强烈的现代意味，这意味着社会性进入儿童的自然世界。灯光刺激了孩子的眼睛，引起想继续睡觉的幼儿的抵制与抗争，这正是儿童的自然存在对此时突入其间的现代性的拒斥与抗争。

　　细小的生活场景中折射出来的正是儿童成长中自身作为自然存在与外在的社会性之间产生矛盾与紧张关系。可以说，儿童成长中自然与社会之间的紧张关系无所不在。我们来看晴的故事：

　　　　晴这几天早上从睡梦中醒来，说的第一句话就是"我不去幼儿园"，晚上做梦时也会这样说。以前晴早上或中午睡好了起来，都是精神饱满，非常高兴，这段时间明显地变得神情忧郁，很少有开心而笑的时候，还很容易发脾气。

　　　　我想方设法逗她，转移她的注意力，跟她一起玩，一起唱歌，一起弹电子琴，想让晴高兴，但晴总是高兴不起来。

　　　　上周有两三次，当我们说服晴去幼儿园时，晴说："我怕，妈妈/爸爸陪我"。（2010年9月6日）

　　　　晴今天反应还是很大，到幼儿园门口，硬是不肯进去，说幼儿园不好玩，哭得上气不接下气。不知为什么，进去之后，晴还是很快就不哭了，不知道是不是内心中无力而默默地接受了这种安排。（2010年9月9日）

　　从家庭到幼儿园，这是一个重要的转折，即从熟悉的家庭场域到陌生化的幼儿园的变化。幼儿园作为一个社会化空间，可以说是幼儿社会化的开端。如果说幼儿在家庭中的生活是亲情呵护中自然性生长为主，那么，进入幼儿园之后，幼儿面临的突出问题就是自身存在的自然性与幼儿园空间的社会化特质之间的紧张，其具体表现形式就是突然发现自己缺少了安全感。女儿表现出来的对幼儿园的拒绝、害怕，就是缺少安全感的直接体现。这意味着幼儿园的教育首要的就是如何重新寄予幼儿安全感，让他们在此情境中保持自我身心的平稳，减少焦虑。当然，儿童在社会化过程中无疑要承受必要的紧张，但如何避免过度紧张，则显然是儿童教育的重要问题。

　　　　早上我抱着晴下楼时，晴问我打得什么赢，因为晴最怕王伯伯打针，妈妈平时都是用王伯伯吓她，我就说打得王伯伯赢。

　　　　晴继续问："还有呢？"

　　　　我答："打得猫咪赢。"因为晚上妈妈要哄晴睡觉时，就会说猫咪要来了。

晴又问："还有呢？"

我答："打得狗狗赢。"

晴接着问："蜘蛛呢？"每次到车库开车、停车时，晴会敏锐地发现车库里暗处的蛛网和蜘蛛，晴有些怕，所以也会问到蜘蛛。

我答："打得赢啊。"

晴马上说："那谁都打得赢啊！"（2010 年 10 月 22 日）

晴不断地询问爸爸能否打赢王伯伯、猫咪、狗狗、蜘蛛，实际上是列出她生活中害怕的事物，寻求爸爸的保护，爸爸说"打得赢"就是潜在地寄予女儿安全感。这意味着当我们引导孩子进入世界之时，不能单纯地从我们自身的立场出发，而需要站在孩子的立场，看看哪些事物可能会给孩子带来不安全感，由此而寄予孩子安全的陪伴与庇护。

我们再来看另一个被忽视却十分重要的日常生活问题。辰上幼儿园小班，我们会叮嘱他想拉大便时一定要喊老师，辰回答"好的"，但实际上他并不会喊老师，而是选择忍住，回家后大便。小孩拉大便，这看似是纯粹的生理事件，但事实上并没有这么简单。在家里拉大便，是在亲人的陪伴下、在熟悉而隐秘的空间中。在幼儿园就不一样了，一是幼儿园老师是作为社会性他者进行陪伴；二是幼儿园本身作为社会化的生活场所，是一个公共性的空间。很多小孩上幼儿园后都有拉大便的困难，这种困难的重要原因就是空间的转换带来的自然性与社会性之间的紧张与冲突，导致孩子在初期的不适应，以至于影响了孩子的正常大便节律。拉大便这一看似纯粹的生理性事件，在儿童发展过程中实际上同样需要向着社会性转化。

今天是小小班对家长开放日，我和晴妈一起去陪晴上幼儿园。开始差不多一个小时，晴总是跟着我们，融不进班里的气氛之中。一直到张老师开始弹琴唱歌，晴才慢慢跟着她喜欢的节奏动起来，特别是弹唱"小老鼠，上灯台"的时候，晴基本上融入了。

后面大家一起排队上楼顶的儿童乐园去玩，晴死活不肯排队，而是要我牵着。上楼梯也是我抱了很长一段，但一进入儿童乐园，晴就自己飞快地去玩了。

我开始明白，小孩子之所以不想去幼儿园，是因为幼儿园并没有给他们提供足够充分的适合他们玩的空间。老是关在屋子里，活动空间有限，很难一下子就对幼儿园产生积极的适应感，难免让自己陌生于幼儿园的整体环境，爱的情感也很难发生。（2020 年 10 月 15 日）

儿童成长过程中一个突出的问题就是自然性与社会性之间的冲突与紧张问题，上幼儿园就是一个典型事件。幼儿从家庭到幼儿园，不仅仅是生活场域的变化，还是个体生命质态的整体变化。一个人是其自身和其周遭的生活环境共同塑造的，换言之，幼儿自身的生命存在与其最初经历的环境是一体的。正因为如此，生存环境的变化，其实质是幼儿生存内涵的重新调试与建构。

幼儿刚上幼儿园，其生命质态实际上在经历一个重要的变化，那就是从被保护的家庭情境进入半保护的社会化情境。幼儿跟父母在一起，是基于血缘亲情的自然联系之上；换言之，家庭生活更贴近幼儿的自然存在。进入幼儿园，幼儿需要面对陌生化的老师和同伴。其间，幼儿自然生命存在在社会化场域所带来的压力之下必然会产生紧张感。之所以不少幼儿上幼儿园之后更容易感冒生病，除了幼儿园难以给予无微不至的照顾，另一个重要的原因就是这种紧张感会在一定程度上弱化幼儿身体应对环境变化的能力。

要应对这种紧张，需要家庭和幼儿园相互配合，采取过渡性的缓解策略。这种策略可以从两个层面展开：一是家庭层面，有意识地引导幼儿走向他人，让幼儿跟同龄伙伴交往，无形之中习得一种与陌生伙伴相处的方式；二是幼儿园层面，可以在入园初期采取过渡性办法，比如初期适当引入家人的陪伴，让幼儿在这几天中熟悉幼儿园环境，还可以有意减少入园时间。

辰今天真正是第一天上幼儿园，比想象中的要好，辰没有拒绝。出门时背着书包，辰还是蛮开心。到幼儿园里面，辰有些紧张。幼儿园规定，可以有一个大人陪同两天，今天是外婆全程陪同，等妈妈出来时，辰哭了一下，但随后有外婆陪同，辰没怎么哭。表现好的地方主要有两点：老师喊大家排队时，辰主动上去，按要求拉住前面同伴的衣服；中午吃饭时，辰吃了很多，估计是饿了的缘故。

在回来的车上，我问辰"今天开心吗"，辰爽快地回答"开心"。问"好玩吗"，辰说"好玩"。（2018年9月3日）

儿子辰对幼儿园的适应能力明显比女儿晴更好，这里当然有自身个性气质的原因，但这与辰入园时幼儿园采取了过渡性的策略有很大关系。缓解这种紧张感的最佳方式，就是让陌生化的紧张空间变成一种适合幼儿生命特征的亲近而温暖的熟悉空间，即从切实地提升幼儿园游戏生活质量入手。富于爱心的游戏，让幼儿自由地进入游戏情境之中，一方面让自己向着当下情境敞开，另一方面渐渐地淡忘自己对父母亲人的依赖。这意味着转化的基本方式，一是彼此之间爱的联结，二是适合幼儿的多样化游戏。结合起来，早期幼儿教育，特别是幼儿园教育的关键，就是以富于爱心的方式陪伴幼儿一起来玩适合幼儿天性的游戏。

显而易见，要达到这一目的，需要两个条件：一是多样化的游戏场域，即能给孩子们创造尽可能多的游戏空间；二是富于爱心与想象力的幼儿教师。富于爱心的交往能消除幼儿的陌生感，激活想象力的游戏则让幼儿的生命融入其中。这意味着成为好的幼儿教师的基本条件，最重要的是两个，一是对幼儿的爱与理解，二是建立在对幼儿之爱与理解的教育想象力和具体实践能力之上。

这里实际上涉及孔子所提出的文与质的关系问题。《论语·雍也》有云："质胜文则野，文胜质则史。文质彬彬，然后君子。"一个人如果其天性的质朴胜过了后天的文饰就会粗野，而如果其文饰过度，胜过了天性的质朴，就会流于虚浮；唯有质朴和文饰比例恰当，一个人才可以成为得体而优雅的君子。值得一提的是，文质彬彬是个体成人的目标所向，文与质的和谐是一个渐进的过程，儿童早期发展是从自我生命之质地出发，一步步朝向文（化）的世界，并在此过程中带出自我生命之文（文采理路）。个体成人始于自然存在；换言之，始于儿童的天性，是从儿童天性的释放中逐渐生成合乎社会的生命秩序与规范，个体生命成长中的自我塑形正是对儿童天性释放的回应与引导，即赋予自然天性释放的合宜形式。这一过程正是一个文质相谐的过程，天性的释放其实正是生命之质的舒展，生命之文的发生是基于对生命之质的回应，即基于个体生命之质，合乎社会与文化的形式。

儿童生命成长过程中必要的野性是需要保护的，成人世界需要付出足够的耐心，从而让孩子在保持自我生命的天性（野性）的过程中一点点生成自我生命的内在秩序与纹理（文理）结构。野性意味着力量，意味着源自自我生命本能的内在力量；文化意味着规范，意味着从人类、民族文化发展中积淀起来的生命理想对个体生命成长的引导，从而寄予个体生命本能之力量合宜的方向。正因为如此，所谓文质彬彬，正是把个体生命之质所蕴含的本能性力量辅之以文化价值的引导，由此而生成和谐、优雅而富于力量、饱满丰盈的生命形态。儿童生命力量的发展是一个过程，不可能一蹴而就，过早地让儿童文饰化，必然会弱化个体成长过程中的内在生命力量，这不仅会弱化个体生命发展中的活力与力量，同样地，也必然弱化一个人今后创造力发展的高度。

"与成人世界相比，儿童更接近自然，如果说成人代表着社会化，那么儿童究其天性而言更接近自然。由此，教育的过程并不是儿童向成人屈就，而恰恰是成人世界向儿童天性靠近；不是成人世界向儿童世界灌输，而是儿童天性的发展与成全。……教育首先是'让……自由'，即让儿童自然自由地显现，避免一切不适合儿童天性发展的因素干扰，阻碍儿童作为自然人的发展，以避免儿童的早熟。"① 信任儿童当然不是放任儿童，而是以消极的方式保护儿童，引导儿童天性合宜地释放，进而逐步在儿童天性的释放中，凭借其间的审美性的、理智性的多样生命体验而获得爱的情感与理智探究的兴趣，培育引领儿童自主发展的内在生命依据。儿童带着其成长中的自然生命，凭借活跃的身心走向世界，其间不仅包容着个体认识世界的知识生长点，同时更重要的是饱含着个体向着世界的爱与热情，构成个体成人的真正的起点。这意味着在儿童发展过程中，特别是早期儿童发展过程中，我们在从底线上避免儿童过于任性的同时，应同时避免儿童过于文饰化，需要更多地彰显儿童的天赋能力，让儿童活出健全的生命形态。

---

① 刘铁芳.古典传统的回归与教养性教育的重建.北京：北京师范大学出版社，2010：80-81.

四、过充分的儿童生活：儿童教育的基本目标

早上起来，辰要我陪他玩，我先陪他玩找汽车玩具，把几个相近的玩具汽车找齐了，放一排，好开心的。接下来辰要我陪他玩球，他拿着大球，我拿着小球，在过道玩碰撞游戏，我的小球总是碰不赢他的大球，他玩得很开心。后来，他看到了两个纸盒子，他拿起盒子，要我陪他玩送快递的游戏，他到阳台那边，把客厅的门合上，他自己躺到地面垫子上，我去敲门喊"送快递的"，慢慢敲开门，再把快递送给他。送完快递，他又开始玩积木。（2019 年 4 月 7 日）

正如柏拉图所言："事物处于最好的状况时，最不容易被别的事物所改变或影响，如身体之受饮食、劳累的影响，植物之受阳光、风、雨等等的影响——最健康、最强壮者，最不容易被改变。"[①] 个体发展处于最充分的状态无疑是最不容易改变，或者说变坏。我们来看，何以是一个人最好的状态？我们站在儿童发展的立场上来看，所谓最好的状态是儿童最充分地舒展自身，而且这一过程能充分地释放儿童的天性，同时又积极朝着儿童发展的方向。

我们再进一步分析构成儿童之充分舒展自我的生命质素：健康为儿童发展提供身体的基础，爱让儿童发展积极的方向，美让儿童发展和谐的秩序，行动则让儿童发展实际的内涵。不仅如此，以爱培育爱，让孩子活在爱中，可以激活儿童自然生命的内在力量；美则是自然与社会之间的过渡，美既体现对儿童生命自然的呵护，同时又潜移默化地引导儿童生命；行动则是儿童天性的显现。正因为如此，三者的结合，孕育着健康、美、善、真而富于行动力量的健全的童年，而为健康、美、善、真、积极行动所充盈的童年最不容易改变。

这实际上也表明儿童发展的基本向度：从身体出发的健康奠定了儿童发展的基础状态；爱的教育让儿童真实地活在人与人之间，彼此朝向对方，获

---

① 柏拉图 . 理想国 . 北京：商务印书馆，1986：77.

得自己的属人性；美的教育让儿童生命自然、优雅舒展，增进儿童生命的和谐与秩序；以健康、爱、美为基础而展开儿童积极的生命行动，提升儿童在世的实践能力，提升儿童个体在世的生命力量与高度；儿童生命以健康、友爱、和谐、充实的方式得到充分舒展，这意味着儿童生命之真，一种切近个体生命自然的真实与个体向着世界而敞开的真诚。我们再来分析儿童如何以健康、友爱、和谐、充实的方式得到充分舒展。

首先是身体层面的健康。一个人的身体具有习得性，从小养成良好的身体习惯，包括吃喝拉撒睡以及运动的习惯，逐步形成良好的身体记忆，避免个体成长过程中的身体紊乱，这对于一个人持续的身体健康起着至关重要的作用。在这里，健康无疑是基础性的。所谓健康，并非单纯实体的人的静态的健康，而是活出健康来，健康地活着，即个体作为单纯实体的人的静态的健康包容在健康地活着的整体生命姿态之中。恰恰是缺少了让健康作为个体生命的一种姿态，即健康地活着的生命姿态，个体作为实体人的静态的健康往往难以持久，更重要的是静态的健康并没有显现为个体实际的生命状态与生命价值，而仅仅是作为个体健康生活的可能性而已。这提示我们，一个人的健康是整体性的，一个人的健康是作为实体人的静态健康与其显现这种健康的生活方式构成一个整体；而一个人作为实体人的静态的健康要以适当的生活方式显现出来还需要一些基本条件，包括环境、工作、日常生活习惯、饮食等。正因为如此，所谓健康，同样体现为三个层面，即自然肉身的健康、身体机能的健康与生活方式的健康。基于此，所谓体育，是在体育活动中带出个体的健康生活姿态来，即为健康地活着提供具体路径与方法，而非让学生获得静态的体育技能。正因为健康地活着是个体在世的基础形态，这意味着一切教育都是以个体健康地活着为基础条件，由此，意味着任何教育活动首先要将个体置于健康地活着的状态之中，以此为基础来激活个体潜能，并最终显现为身体与生命的丰盈。这意味着个体所有的教育都出于身体，即从身体出发，最终又回到身体，也即回到身体在世的基础性状态，提升个体积极健康地活在世界之中的生命姿态。对儿童而言，健康一方面意味着免于疾病的痛苦，另一方面意味着葆有身体的活力与力量。两者结合起来，健康意味着儿童无须因为疾病而为自己身体担忧，能够倾心于自己喜欢的活动，以充分显现自己的活力与力量。儿童健康的身体孕育着儿童多样的趣味，从而孕育着长远兴趣的可能性。

其次是爱的交往。个体成人于爱的交往之中。"个体的属人性展开在人与人的连接中，展开在个体对他人的感受之中，展开在人与人的爱的联系之中。确切地说，个体的属人性生成于爱之中。"① 一个人初生于世，在嗷嗷待哺之中，婴儿对母亲怀抱的感受潜移默化地滋养着一个人对世界的初始感受。正因为如此，母乳喂养不仅仅是给新生婴儿提供食物的满足，维持基本生存的需要，同时也是在孕育新生婴儿对世界的初始感受，即潜移默化地孕育一个人对世界的情感态度。在这个意义上，当我们说，一个人的成长与教育始于母亲的怀抱，一点也不过分。扩而言之，个体初生于世，从与周遭亲人的身体接触中获得的亲子之爱，召唤着一个人最初的人性。"最初的交往在亲子之间，最初的爱是亲子之爱，亲子之爱是个体降生于世遭遇的世界的初始形式，这种基于天性的爱的交往，不仅让稚幼的个体获得生存与安全感，获得自然身体的内在和谐，同时也因为感受周遭他人的爱心，而获得自我对他人与世界的最初的情感状态，获得自己作为人的初始经验。"② 爱的交往始自家庭亲子关系，并一点点向着周遭人事扩展，形成个体与周遭人事的和谐关联，保持个体向着周遭人事的通达。苏霍姆林斯基提出，"一个人只有在其童年和少年时期同大自然和人们打交道的那种条件下使他的心灵不平静、忧虑、柔弱、敏感、易受刺激、温柔、富于同情感，他才会成为有教养的人"③。和谐交往的意义就是要形成个体与周遭人事的有机联系，保持自我向着周遭人事开放的姿态，积极感受并回应周遭人事的变化，从而让周遭人事在丰富儿童心灵世界的同时，逐步在自我中建立对周遭事物的关爱。和谐交往的基础就是爱，爱的交往创生出儿童内心之中向着周遭人事的友爱，让儿童活在爱中，活出爱来。

再次是心智层面的充实。就儿童而言，心智世界的充实直接意味着发达的兴趣，即个体对周遭事物能保持多样的兴趣，由此反过来意味着个体在与

---

① 刘铁芳 . 追寻生命的整全：个体成人的教育哲学阐释 . 北京：高等教育出版社，2017：29.
② 同①34.
③ 苏霍姆林斯基 . 怎样培养真正的人 . 北京：教育科学出版社，1992：7.

周遭事物的相遇过程中激活自我身心感官，形成自我与周遭事物的互动联系，保持自我生命的活跃，由此而激活个体向着周遭人事的活泼而开放的心智世界。这里的充实包含两个层面：一是理智层面，即儿童能充分运用自己的理智能力于自我与世界的联系之中，让自己的心智世界得以充分扩展，由此在个体感知、记忆、思维诸种身心官能的发挥之中逐步获得开阔的兴趣，达成自我生命的充实；二是个体在运用理智能力的同时敞开自我向着世界的情感态度，总是带着自己的情感偏好而走向世界，即带着一种评价性的姿态走向世界，由此而形成个体在世的积极或消极的生命体验。"为使孩子成为有教养的人，第一，要有欢乐、幸福及对世界的乐观感受。教育学方面真正的人道主义精神，就在于去珍惜孩子有权享受的欢乐和幸福。"① 在这里，苏霍姆林斯基道出了一个人之所以能成为有教养的人的基础，也道出了儿童教育的关键与灵魂所在。人之为人，不只是一个健壮的肉身，也不只是一个有着健康的身体与发达的机能之总和，而是要能在健康的身体与发达的机能之中灌注灵魂，即对美善事物的爱与由此而来对自我生活的无比热情。这意味着我们不仅仅是要适度地开启儿童的心智世界，发展儿童的感知、记忆、思维能力，更重要的是在儿童美善事物的经历中培育儿童向着世界的积极生命情态，让他们活出幸福与乐观的生命体验。

三者综合起来，健康是前提与基础，和谐的交往是具体内容，以美善事物体验为中心而展开的儿童精神生活的充实与美满就是根本指向。儿童教育应该以以健康为指向的儿童体育（广义）为基础，以爱的交往为载体的情感教育、审美教育与初期的智力教育为具体内容，以个体对美善事物的体验与由此而来儿童生命的积极向上为根本目标。换言之，美善事物的经验就是儿童教育的灵魂所在，即个体成人的真正的开端所在。身体的健康是为儿童焕发天性、激活爱欲奠定基础，而和谐的交往则是激活爱的现实条件，在活生生的儿童交往与生活之中获得欢乐、幸福与对世界的乐观感受，正是儿童阶段美善事物体验所带来的生命的充实与圆满之结晶。健康的身心让儿童拥有充沛的精力与活力；和谐的交往让儿童活在爱的交往之中，并在爱中活出生

---

① 苏霍姆林斯基. 怎样培养真正的人. 北京：教育科学出版社，1992：4.

命的和谐与秩序；充实的活动让儿童向着世界尽可能地敞开自我心智世界，由此而在健康与友爱之中形成个体向着世界的积极生命情态。三者的统一，就是让我们的儿童成为健康充实、和谐发展、美善引领、乐观向上的健全个体，同时也为他们的终身发展奠定基础。

第三章
激发美好事物的欲求：儿童教育的灵魂

儿童美好生活是从儿童自身体验出发的生活，是指儿童能体验到好的生活。换言之，儿童美好生活是从儿童身体、生命自然出发而朝向美好的生活，即在儿童身体、生命自然中所敞开的美好生存状态。这意味着儿童美好生活总是一种可能性，也即从儿童生命存在事实中不断敞开的可能性。正如范梅南所言："何谓儿童？看待儿童其实就是看待可能性，一个正在成长过程中的人。"① 儿童作为鲜活的成长中的个体，总是意味着无限的可能性；儿童作为儿童，"不只是一种静态的身份描述，更是一种不断涌动着可能性的、积极成长的生命属性"②。儿童美好生活，在任何时候都不是一种既成的发展事实，而总是显现为一种可能性，一种儿童向着美善事物而敞开自身的可能性，能够带出这种可能性的就是积极的儿童教育。

一、陪伴儿童游戏：个体教育的初始形态

从个体成长发生史的视角而言，初始的自然个体，其生命力量的显现是盲目而无序的。个体成长的过程不仅仅是个体生命之自然力量不断生长的过程，而且是这种力量不断劝服而逐步趋于合理的过程。这一劝服的过程，最初无非体现在两个方面：一是个体行动过程中获得愉悦与美好的体验，从而在这种积极体验强化的过程中，使个体某种无意识的合理行动被强化，进而转化成个体的习惯，这大致接近性善的视角；二是个体无意识的行动因为不合理而受到外在力量的规约甚至惩罚，由此，使个体获得不能做某种事情的体验，进而在不断强化的过程中强化自我约束的习惯，这大致接近于性恶的理路。不管是性善的视角还是性恶的视角，最终的结果都是个体生命之自然力量被引向更趋合理的方向，即为某种逐步自觉到的理或秩序所引导或规约。

"个体降生于世，首先是物我不分的，随着个体感知能力的发展，个体是以整体直观的方式与周遭事物相遇，个体获得的周遭事物的感知是整体性

---

① 范梅南.教学机智：教育智慧的意蕴.北京：教育科学出版社，2001：1.
② 刘铁芳.什么是好的教育：学校教育的哲学阐释.北京：高等教育出版社，2014.

的、情感性的、模糊性的，由此而形成个体与周遭事物之间彼此互通的、游戏性的、迷魅性的联系，个体对周遭事物的认识是非功能性的，而是审美性的，这是个体认识发展的第一个阶段。换言之，个体与世界相遇首先是以模糊的、感性直观的方式进行，基本活动方式是游戏。"[1] 正如维柯所言，"儿童的特点就在把无生命的事物拿到手里，和他们交谈，仿佛它们就是些有生命的人"[2]。游戏是儿童的天性，游戏是儿童生活展开的基本方式。这意味着我们对儿童的教育同样需要从游戏出发，或者说儿童教育就其实践形式而言就是游戏，准确地说，是陪孩子一起玩游戏，大人的观看、应答、参与本身就是一种引导。陈鹤琴曾写下这样一些细小的片段：

> 今天（1924 年 4 月 18 日）下午，我手里拿着一只照相机，叫我的妻子把我们的女儿秀霞放在摇篮里。预备要替她拍照的时候，一鸣就捷足先登，爬到椅子上去，也要我替他拍照，我再三劝告，他却总是不肯出来。后来，我笑嘻嘻地对他说："一鸣，你听着！我叫一，二，三；我叫到'三'的时候，你就爬出来，爬得愈快愈好。"他看见我同他玩，也很高兴地答应我。歇了一歇，我就"一，二，三"地喊起来，说到"二"的时候，他一只脚踏在椅子的坐板上，两只手挨在椅子的边上，目光闪闪地朝我看着，等到我说到"三"的时候，他就一跃而出，以显出他敏捷的样子。又有一天，夜已深了，大家都要去睡了，而他竟偏偏不肯睡着。他母亲就以游戏的方法引诱他，一面背着他，一面嘴里"嗨嗬，嗨嗬"地叫着。他听到他母亲这样叫起来，就很高兴地任他母亲背到房里去睡觉了。[3]

> 一鸣 3 岁大的时候，有一天，他将他自己的书搬到我们的房里来，做贩卖的游戏。玩了没有多少时候，我们大家要吃饭了。我叫他将书籍整理好，他说要吃饭了，吃饭以后再放好。吃过饭，他说要睡了。后来我对他说："我帮你一同弄。"我就"嗨嗬，嗨嗬"地叫着，替他整理起

① 刘铁芳. 追寻生命的整全：个体成人的教育哲学阐释. 北京：高等教育出版社，2017：67-68.
② 维柯. 新科学. 北京：人民文学出版社，1986：98.
③ 陈鹤琴. 家庭教育. 上海：华东师范大学出版社，2018：44.

来；他看见我已经替他整理，也"嗨嗬，嗨嗬"地叫着，把书籍搬到他的书架上去了。①

小孩子喜欢闹腾，爬到椅子上不下来，不愿意整理东西，这个时候很多人往往会采用吓唬甚至打骂的方法。而小孩子的行为本身并不一定是出于捣乱，而可能是因为好玩。吓唬或打骂的方法当时简单而有效，但从长远而言，无疑会抑制儿童的天性，降低孩子的生命活力，减弱童年的趣味。而陈鹤琴采用的是和孩子一同游戏的方法，一方面顺应了儿童的天性，另一方面也释放了儿童的天性，儿童在不违背自身天性的基础上，顺应了父母的期待，又显现了生命活力，让此时此刻作为童年的存在充满着生命的温暖、和谐与趣味，无形之中善导着儿童发展的方向。换言之，此时此刻儿童美好生活的经验本身就孕育着儿童当下向着未来敞开的方式。

在儿童世界中，随时随地都可以游戏起来，什么东西都可以用来玩游戏。这里的关键就在于儿童自身就是作为游戏者而存在。

> 我的书法桌下有一箱安慕希酸奶，辰把它们拿出来，放到桌子上，把酸奶排队，拿我的毛笔把酸奶一个个拨下来，我在旁边写文章。辰把他能拨下来的东西都拨下来后说："子弹打完了。"他蹲下来，看着地上横七竖八的东西说："我赢了。"（2019 年 10 月 1 日）

这无疑是典型的男孩子顽皮的表现，但如果我们带着同情的姿态来分析，就不难发现，辰是把酸奶什么的东西都当成了玩具，他们往往是随时随处都能把身边的东西当成玩具，不知不觉地游戏起来。

我们来看两则我女儿晴 6 岁时的小故事：

> 今天上午我和晴一起陪晴妈值班。我在看书，晴妈边看电脑，边吃瓜子。晴从晴妈那里拿了几颗瓜子，放在桌上一张 A4 打印纸上摆弄。晴喊我过去帮忙，告诉我她在摆蚂蚁的图案，要我帮她剪一下透明胶带。三颗瓜子贴成一只蚂蚁的身子，然后晴用黑笔画上头和脚，一只完整的蚂蚁就制作好了。

---

① 陈鹤琴. 家庭教育. 上海：华东师范大学出版社，2018：96.

晴一共做了 3 只蚂蚁，又把带的巧克力糖贴上去，说这是给蚂蚁搭桥，又贴了一只橘子，不记得是干什么的了，猜测是类似桥墩，好让蚂蚁一步步爬过来。(2014 年 1 月 19 日)

在大人的世界中，瓜子、巧克力、橘子都是食物，即具有明确功能性的事物，但在儿童的世界中则远非如此，他们可以用无边无际的想象力来超越事物的功能及其单一性，从而将事物创生、转化成游戏情境。

我去宁波大学讲课，顺便带女儿一起去海边玩一下。6 日晚上，宁波大学一教授朋友请我们一起吃饭，还有沈阳师大的另一位知名教授，以及教育学院几位领导一起，一大桌吃饭。晴吃完后，一个人钻到桌子底下，去摸几个刚熟识一点的人的脚去了。(2014 年 6 月)

大人小孩一起吃饭的时候，小孩经常可能溜到桌子底下，把那里变成他们游戏的世界。当小孩跟大人在一起找不到乐趣的时候，他们自然地就会另辟蹊径，找到属于他们的游戏世界。虽然孩子钻到桌子底下，在大人的世界中不太文雅，但这里只是孩子寻求乐趣的方式，即属于他们的游戏方式。对于这种无伤大雅的游戏方式，我们需要的是必要的理解和善意的说服。儿童任何时候都渴望游戏，而大人的世界一方面跟儿童有着明显的差异，另一方面也往往缺乏游戏精神，所以儿童在其中找不到乐趣。我们需要做的，一是理解他们爱游戏的天性；二是陪他们一起玩游戏；三是引导他们更好地游戏，或者转向更好的游戏。

晚上九点多了，辰拿着组合搅拌车玩具到我的书房，要我陪他，还说要陪好久，要一直陪。辰自己动手拆了又装、装了又拆，一边装拆一边跟我说话。我不时地表扬辰，他需要我帮忙的时候我稍微帮一下，大多数的时候我就是观看辰装拆。(2019 年 2 月 19 日)

儿童之所以需要陪伴，是因为父母的陪伴，包括关注、观看、参与、激励本身，实际上是为孩子自己动手提供一个意义生发的背景。没有父母的陪伴，或者说一开始就没有父母陪伴，孩子孤独地玩耍，孩子的动手能力，即理智发展能力同样能在一定程度上得到提高，但提高的幅度肯定会受很大影响，更重要的是儿童在此过程中缺少内在的动力，感受不到因为游戏而在内心之中呈现出来的丰盈之意义。如果说儿童自己动手，是理智能力发展的基础形态，那么父母亲人的陪伴则是个体意义生发的起点，爱的陪伴寄予个体内在的动力支持，同时创生意义感。这意味着成人对儿童游戏的多种形式的参与并非可有可无，而是儿童游戏的一部分，是儿童通过游戏并且在游戏中达成生命成长的一部分。

二、富于爱心的陪伴与儿童生活的展开

个体成人始于童年，最初的自主性来自个体周遭的亲近他人，尤其是父母。个体成人始于家庭，陪伴本身就是一种教育，积极的陪伴就是最好的儿童教育。我们跟孩子在一起的方式直接成为引领儿童发展的基础形式。陈鹤琴曾谈及儿童亲子教育的一个重要原则——做父亲的应当同小孩子做伙伴：

> 我们旧式家庭里面的父亲，大概是不同意小孩子之间做伴的。不要说别人，就是我的父亲对待我也非常严厉，从没有和我做伴。我在 6 岁以前未曾和他一同吃过饭，我独自吃饭或同别人一同吃的时候，倘若高兴起来说说笑笑、顽皮顽皮，那么别人就立刻说"我要喊了！"或吓我说"你爸爸来了"。我听到他们这种声音，正如同听见轰雷一般吓得魂飞九天之外。现在我父亲死了（当我 6 岁的时候），不过那种可怕的景象，还印在我脑海里，永远不能忘却。现在我对待我的小孩子一鸣是这样的：有时候同他到旷野里去散散步，有时候同他到街上去买东西，有时候同家人和他举行野外聚餐。总之，我一有空闲的时候，总同他做伴的。我觉得我们天伦的乐趣、父子间的感情，也来得格外浓厚。[①]

陈鹤琴所讲到的旧式家庭里的父亲，作为权威的象征，往往把孩子作为颐指气使的对象，彼此之间缺少平等的交流，这样的结果是父亲并没有真正融入儿童的世界，而是凌驾于儿童世界之上的威权性异在，以至于"你爸爸

---

① 陈鹤琴 . 家庭教育 . 上海：华东师范大学出版社，2018：40.

来了"成为一种吓唬人的条件反射符号。"父子不做伴侣，则父子间容易发生隔膜。父不十分爱其子，而子则竟不知爱其父，因此名虽父子，实同路人了。"① 而陈鹤琴所践行的新式父亲，则是一种陪伴孩子成长的形象，这样的结果就是父子之间享受了天伦的乐趣，深化了父子间的情感。陪伴孩子成长之所以发生，首先在于作为成年人的父亲对孩子没有隔膜，保持着一种爱与尊重的姿态，真诚地走向孩子。"没有隔膜，父子间就会产生浓厚的爱情；父子一同做伴，那么常常在一起就没有隔膜。做父亲的知道小孩子的性情，而小孩子也知道他父亲的性情。"② 这里至关重要的一点是父亲以无隔膜的姿态面对孩子，使得孩子也以无隔膜的方式面对父亲，形成父子之间生命的彼此相融，由此让孩子超越孤立的存在，开启儿童人性发展的可能性。

> 我和我的小孩子一鸣时常做伴的，所以他对我时常有亲爱的表示。他有时候见我回家来，就跑出来欢迎我，有时候还拉我的手，嘴里"爸爸，爸爸"地叫着。……有时候他穿着美丽的衣服，欢天喜地地走过来给我看；倘使我说一声好，那他就更加欢喜了。③

父亲以陪伴的姿态富于爱心地走向孩子，孩子顺着父亲爱的引导自然地回报父亲以爱的关切，并在父亲爱的认可与赞许中获得积极的自我认同。这正是陈鹤琴说"小孩子是容易教育的"④ 之原因所在。在这里，与其说"小孩子是容易教育的"，毋宁说小孩子是容易交往的，只要我们怀着对孩子的爱与真诚，平等地与孩子交往，陪伴孩子成长，教育就自在其中。早期儿童教育的基本方式就是亲子交往方式。可以说，儿童教育的品质就是我们和孩子交往的方式。教育之发生，正是交往过程中，我们以爱与真诚的姿态向着孩子打开我们自身，进而召唤孩子向着我们，同时也向着世界的爱与真的生命姿态，一点点带出儿童积极而丰盈的人性特征。

如果说基于爱与真诚的陪伴是儿童教育的基础形式，那么，在爱的陪伴之中对儿童不当行为的提示与矫正，则是以前面的积极教育为基础的必要的

---

① 陈鹤琴. 家庭教育. 上海：华东师范大学出版社，2018：40.
②③ 同①41.
④ 同①42.

消极教育形式。"和小孩子常常做伴，那小孩子不好的行为，做父亲的就可以知道，就可以训育他，而小孩子因为爱他父亲或怕他父亲的缘故，就能听父亲的话而改他不好的行为。"① 陪伴孩子成长并不意味着放任，而是需要在基于对孩子的爱与合理认知的基础上，去引导孩子，甚至在必要的时候矫正孩子，避免孩子的任性。无疑，这是儿童教育的另一种形式。

富于爱心与童心

陪伴是一种人性的互染，我们影响儿童的时候，儿童也在影响我们。成人富于爱心的陪伴无疑是儿童教育的初始形态，甚至是儿童发展过程中一以贯之的基础性形态。

> 我跟晴玩，晴常常要我倒在地板上，然后她拉我起来，或者她倒下，然后说"起不来了"，我就拉她起来。
>
> 每次从外面回来，我不论多累，都要先抱抱她，陪她玩玩。（2010年1月31日）

爸爸对女儿的爱在潜移默化之中唤起女儿对爸爸的爱。父母跟孩子富于爱心地在一起，就是彼此生命相互濡染并由此让孩子因为生命温暖的获致而趋于人性化的过程。爱孩子意味着我们的身心向着孩子，孩子成为我们生命世界的一部分，进而在我们自身之中活出对孩子的关怀；反过来，我们以我们对孩子的爱活在孩子的世界之中，成为孩子生命世界的一部分，孩子心中有我们，由此带出孩子对父母的爱，建构着孩子友爱的自我。因为爱，亲子之间彼此相连，相互建构。爱的陪伴绝非可有可无，而是直接地关联于儿童生命成长的内在方向。

理解孩子好动的天性

> 晴很喜欢爬，一下子爬到沙发上，一下子又爬到椅子上。
>
> 昨天上午，我让晴爬上沙发后，让她学会侧身自己从沙发上下来。

---

① 陈鹤琴 . 家庭教育 . 上海：华东师范大学出版社，2018：42.

晴尝试了几次，成功了，我就拍手鼓励。

为减少晴因为爬沙发、椅子而摔跤，最好的方式就是让她学会爬上去再好好爬下来。（2010 年 4 月 14 日）

好动几乎是每个孩子的天性。孩子天性好动，简单的制止是无益的，我们需要的是基于理解的陪伴，一方面放手让孩子去玩，并鼓励孩子的成功，另一方面给予必要的帮助。

陪孩子玩游戏

每天早上辰起床，总是要跑到我和妈妈的房间来，看我是不是起床了，要我陪他玩。

这段时间玩得较多的一个游戏叫作"写大字"，也不知道他是从哪里学来的：一个人在前面开始念"写大字"，后面的人一步步跟上去。喊"写大字"的人回过头来，后面的人就不能动，一直到后面的人拍一下喊"写大字"的人，写大字的人马上转过来抓后面的人，抓到一个就赢了，让被抓者去当喊"写大字"的人。如果抓不到，这个人就继续当喊"写大字"的人。

这几天国庆节放假，只要我们到了小区花园，辰就要和我们一起玩这个游戏。每次游戏，总是辰输，要不抓不到人，要不被抓到。辰不开心，但他又很想玩。玩一次之后妈妈、姐姐总是不大愿意继续玩，而辰就会很伤心，"哎呀"一声，马上表现出要哭的样子，恳求妈妈和姐姐再陪他玩一次，而他总是玩了又想玩。（2019 年 10 月 7 日）

这里不仅仅是因为孩子喜欢玩游戏，更重要的是喜欢有人陪伴，一起玩游戏。儿童渴望陪伴，首先是可以在父母亲人的陪伴之中获得安全感，父母陪伴的意义不仅仅是功能意义上的陪伴，父母的在场本身就是在营造一种情境、一种氛围，让孩子感受到父母的爱与信任，由此，让孩子自由自在地游戏成为可能；其次是通过爱的陪伴而获得彼此的共在，使得亲子之间温暖地联结起来，年幼个体不再感受到自己被孤立；再次，陪伴的过程也是儿童获得关注与认同、心智得到奖励的过程。如果说安全感是个体成人的基础，人与人彼此联结则是儿童开放自我，走向彼此，形成共在，这是个体成人的基本实践形式。儿童得到关注与认同，进而获得生命的激励，则是个体成人的进一步提升。正因为如此，儿童成长的秘密就在儿童与父母亲人之间真实而生动的爱的联结之中。如果说亲近自然是从消极之维寄予个体开阔的发展视域，那么亲子之间爱的联结就是从积极之维来敞开个体以生命的温暖与自主发展的空间。

> 放寒假的前几天，我比较忙，没有很好地陪辰。后面我不忙了，可以多待在家里了。接连几天，辰早上起来，看到我就问："爸爸你不要去上班吧，在家里陪我。"这段时间，辰最喜欢的就是喊我陪他玩，有时候我一坐下来写文章，辰就跑过来，把我拽过去陪他。每次我说陪一下，辰都会说"要陪好久"。
>
> 今天陪辰玩球，在过道里，他拿大球扔过来，我拿小球扔过去，中间让球碰一下，我再把大球扔给辰。辰开心极了，玩了又想玩。
>
> 除了玩球，还有就是玩组装玩具搅拌车，另外就是拼积木。我发现不管是玩什么，辰最喜欢的就是我能陪他，因为我很有耐心，而且能努力去理解他。
>
> 因为这段时间我陪辰玩得多，辰看电视的时间大大减少了。我跟他一起玩，成了比看电视更喜爱的活动了。（2019年2月5日）

一个人看电视、玩电子游戏，并不是儿童喜爱如此，而是因为这种活动可以让儿童在感性的舒适之中找到某种乐趣，进而忘记自己的孤单。但是一个人仅靠这种孤立的活动，不足以完善自身，一个重要的原因就是个体没有被置于人与人的生动联结之中，进而没有被置于人与人之爱的联结之中。

创造多样化游戏空间

这是儿子辰的成长日记：

> 这段时间因为新冠肺炎疫情影响，我天天待在家里，辰从早上开始，醒来听到我的声音就在床上喊"爸爸陪我玩"，一直到晚上10:00多睡觉，差不多一直都想让我陪他玩，或者说我陪他玩是他的第一选

择。我陪着玩的主要内容，一是玩乐高积木游戏，做车子（吊车）；二是玩玩具车；三是在客厅玩跑步游戏，谁跑赢了谁就得一个玩具，当然每次都是辰赢；四是喊妈妈、姐姐和我一起，玩"蒙瞎子"的游戏，到里面房间，一个人把眼睛蒙起来，去摸另外三人，摸到谁，谁就被蒙起来再去抓别人，我往往是蒙起来抓人最多的那个；五是陪辰一起看动画片，辰坐沙发一边，要我坐另一边，这段时间看得最多的是《罗伊汽车城》。

辰玩得最多的还是车，玩具车中最喜欢的是搅拌车、挖土车、坦克、垃圾车，其余的玩具车还有钻地车、铲雪车，还有火箭炮车、雷达车、机枪车，还有平板拖车、卡车，还有那种很小的各种玩具车。辰喊我玩车，一是玩拆装车子，拆了又装，装了又拆，乐此不疲；二是在地板上比赛几辆小车子往前冲，看谁的车冲得最远；三是拿车子排队，有时候在客厅的地板排队，有时候到他房间窗台那里，排满整个窗台。（2020 年 1 月 30 日）

一句"爸爸陪我玩"，其间的蕴含包括两个方面，一是孩子需要有人陪，二是陪着玩游戏。孩子的天性需要释放，释放天性一是需要激励，二是需要空间，前者需要爱的陪伴，后者需要多样化的游戏，每一个孩子都是如此。当然，不同特性的孩子需要不同的游戏空间。这里涉及男孩女孩的性别差异与不同孩子的个性差异问题。大体上说，男孩更倾向力量型的游戏，女孩更倾向于秩序型的游戏。

这里值得一提的是，如果我们进一步分析陪伴幼儿玩游戏的双重结构，可以说前者是本，后者是末，前者可以激励孩子把什么事物都变成游戏。换言之，父母亲富有爱心的倾心陪伴，是多样化游戏空间的根本依据。

理解与欣赏儿童的世界

晴在家里倒是很开心，这几天吃晚饭前后，老是喜欢在爷爷奶奶门口跳舞，先要妈妈或我报幕："下面请小一班刘晴小朋友表演 *Nobody Nobody But You*，大家鼓掌欢迎！"晴就走上去，一个人边唱边舞起来："Nobody nobody but you……"晴跳几下，就自己报幕，要妈妈或我也

上去学跳一下，我们也只能跟着一起乱跳了。（2011 年 9 月 13 日）

我跟辰一起到阳台帮他拿散落的布鲁克玩具，我拿了几个，拿不下了，就跟辰说："爸爸拿不下了。"辰说："我们可以拼起来，就拿得下了。"我连忙夸赞辰："崽崽真聪明！"随后，就赶紧和辰拼装起来。我和辰把玩具放到客厅沙发上，辰马上去跟餐桌边的妈妈说："爸爸拿不下布鲁克，我说拼起来就拿得下了。我聪明不？"妈妈也连忙夸赞他。（2020 年 2 月 26 日）

每个人都渴望被听到、看到，在成长的过程中逐步期待让更多的人听到、看到，幼儿尤其如此。这一过程是儿童自我向着他人舒展的过程，观看、赞许、参与其中，作为成人向着儿童期待的及时回应，是对儿童的承认，这种承认反过来增进儿童的自我认同与生命自信。成人与儿童之间看见与被看见、听见与被听见、称赞与被称赞的过程，让儿童切实地活在他人的关爱与认同之中，活在人与人的真实连接之中。

今天，洗完澡后，晴一个人在茶几旁玩巧虎积木玩具。晴做了一个房子，很高兴地喊我来看，又喊妈妈来看，说"这是我做的房子"。

后面跟我一起坐在沙发上玩时，又说："多漂亮的房子啊！我们住在里面可舒服了。"（2012 年 9 月 14 日）

对于 4 岁多的孩子而言，积木搭建的房子就是真实的房子，尽管是想象中真实的房子，但确实是儿童设想为真的房子。儿童的世界在想象中展开，想象中展开的世界，比现实的世界更真实。孩子玩积木的意义，往往在父母陪伴与欣赏中显现出来，在父母的承认中获得真实的意义。如果积木只是玩给自己看，孩子的想象空间就无法真实敞开，其意义就大为减少。

这意味着我们陪伴儿童的艺术，就是成为儿童生命的观看者、倾听者和欣赏者，而非单纯的指导者与替代者，更非居高临下的训导者。我们温暖的观看、倾听、欣赏，不仅增进我们和孩子之间的默契，也让孩子积极乐观地融入自我喜欢的世界，带给他们乐观向上的生命体验。我们跟儿童在一起游戏之时，首先是真诚而安静地陪伴他们，在儿童需要的时候帮助他们，在儿童表现优秀的时候称赞他们，而不是单纯告诉儿童应该怎么做，甚至代替儿童完成某事，儿童需要的并不完全是结果，而是富于爱与想象力的过程本身。

有距离的指导与帮助

> 平时我带晴玩耍时，尽量让晴自己玩，我只是有时帮她一把，保证她不摔跤。（2011 年 2 月 5 日）

小孩在玩时有她自己的方式，只要大人不过度介入，小孩就不仅在玩着，而且在欣赏、思考着自己玩的过程。陪伴孩子不仅意味着在场，即怀着爱心地陪孩子做游戏、密切关注孩子的活动，同时意味着我们怀着一颗童心去陪孩子，以孩子的方式思考，而非居高临下指导孩子，更非替代孩子。

> 我的书房里有个小梯子，晴总是喜欢爬。我就让晴练习爬上去时的动作再自己一步步爬下来。客厅和餐厅里的椅子晴也喜欢爬，我要是在边上就让她自己爬上去再爬下来。要预防她摔倒的方式不是禁止她攀爬，而是让她自己学会解决自己的难题。这样，万一大人不在边上，她无意中爬上椅子、梯子时还能自己爬下来。（2010 年 3 月 26 日）

我们要关心孩子，但我们对孩子的关心又需要保持必要的克制，即我们需要让孩子自己意识到自己，逐步提升其应对周遭问题的能力。这意味着我们既不能简单制止，也不能直接代替，更不能放任不管。简单制止和直接代替，都会剥夺孩子自我尝试的机会，而放任不管一方面增加孩子尝试的风险，另一方面延长孩子自己学习的时间，同时他们在自主尝试的过程中得不到及时的鼓励，一旦遭遇失败，就难免会有挫败感。

以审美化解孩子的任性

> 晴的脾气真的不小，一下子就生气了，然后说"我生气了，不理你们了"。我们试图去缓和她的情绪，但都没有效果。不过，几分钟过去后，晴就马上阴转晴了，可能是自己找到了乐子，很快就蹦跶起来。（2011 年 4 月 24 日）

儿童发脾气是难免的，劝服发脾气的方式有多种，最基本的是转换注意力，强力遏止，审美缓解。不管怎样，给予空间，等待儿童自我克服，是不可或缺的重要方式。

> 今天早上，晴妈要我给晴穿衣袜，衣服穿好后，晴不知怎么一下就噘嘴巴了。我哄了一下，没用，还是生气。后来我走到床的另一头，低低地蹲下来，往旁边移过来，再把头抬起，逗晴玩，她一下就笑起来了。很快，她就愿意穿袜子了。
>
> 我还是主张用审美化来化解晴的生气时刻，可能更有利于晴的成长，避免脾气变大。（2010 年 11 月 9 日）

所谓任性就是任由自己的自然性情。儿童原本接近自然存在，易于发生任性。一旦放纵儿童的性情，难免导致儿童成长中的偏执，即固执于自我性情，此时需要合宜的引导。引导的方式，一方面让儿童表达自己的正当要求，另一方面又避免儿童的过度要挟。对早期儿童的引导，审美的方式无疑是一种十分有效且有益的方式，一方面让儿童迅速放弃自己的固执，柔化这种任性与偏执，另一方面能有效地缓和亲子沟通，形成儿童积极的情绪情感体验。对儿童的引导是一个持续的过程，这意味着我们需要持久的耐心、爱心。当然，对于儿童过度的任性行为，审美不足以化解，有时候还是需要坚守底线，甚至需要合理的惩罚措施。

理解孩子的想法

> 前两天，晴收到巧虎的新碟，碟中有用纸巾做蛋筒的游戏——把纸巾卷成毛毛虫状，放入卷起的硬纸中。
>
> 昨天晚上，晴拿卷筒纸，揉了好多纸团，放进自己的衣兜里，说是到幼儿园去自己用。早上下楼时，晴妈带晴下去，中间晴妈拿了一张晴的纸自己揩鼻涕用，结果晴大哭，一定要到家里再拿点卷筒纸。晴妈当然不肯，大骂，晴大哭。妈妈坚持，后面还是没有上去拿。（2010 年 12 月 21 日）

放任孩子当然是不行的，但作为大人，怎样理解小孩子的想法，这是十分重要的。每个小孩子都不是一块任由大人随意捏揉的泥巴，他们很早开始就有了自己的想法，有了他们自己的世界，我们应该学会蹲下来，多听听他们的想法，走进他们的世界，这样才能形成与孩子之间的积极沟通，在真实面对孩子成长需求的过程中学会做父母。

> 晚上，晴在我书房搬小板凳坐妈妈旁边，奶奶坐在门口。
> 晴说："打蚊子。"
> 奶奶说："这么冷，哪有蚊子啊？"
> 晴哭起来，妈妈一看，原来晴前面有个小飞蛾。（2009年10月20日）

一旦儿童表达在自己的感知与判断时成人误解了他们，他们就会直接地产生情绪反应，即以委屈的哭泣来表达。日常生活中，我们不知不觉地以我们自身的判断替代儿童自身的判断，由此导致对儿童日常生活自主性的抑制。这意味着我们需要切实地树立儿童立场，尊重儿童，积极地理解儿童的思考与判断，由此表明对儿童的信任，这一过程本身就是对儿童发展的引导与激励。

> 晴从幼儿园回来时，喜欢躲到我的身后，装着吓爷爷奶奶一下。昨天回来时，高高兴兴。到门口时，躲到我身后，爷爷出来喊一声刘晴。晴一下就生气了，哭起来，一屁股坐到地上，说爷爷不该猜出来。后面我就跟爷爷说，你要装作不知道，大声喊："刘晴在哪里"，她就会很高兴的。今天晴回来，还没到门边，爷爷就大声喊："刘晴在哪里？"晴这次还蛮高兴的。（2012年3月15日）

儿童的心就是游戏之心，他们时时处处都可以游戏。这意味着我们需要理解儿童的游戏姿态，并且配合儿童玩游戏。

应对亲子之间的冲突

> 晴的自主意识很强，特别是穿衣服。晴的衣服特别多，有朋友送的、妈妈买的。晴特别喜欢穿裙子，妈妈带着她选衣服时难免有矛盾。晴还有很多妈妈买给她的发卡，选择的余地就更大了。这样，妈妈的意见经常会和晴有冲突。晴选了这个不行，又马上要换另一个，妈妈不

肯，晴一定要换。妈妈骂晴，晴就哭着要。妈妈采用吓唬的办法，还不行时只好出手打一下。（2012 年 7 月 7 日）

这里确实有一个成人世界和儿童世界如何接轨的实际问题。做父母的当然不能简单地迎合孩子的想法，或者任何想法都顺着孩子，但也不能把成人对孩子的简单设计加给孩子，而是要努力理解孩子想法中所蕴含的儿童真正的需求，并引导这种需求。比如，晴为什么要更换？她的想法为什么会变？背后可能是她的爱美之心，但这种爱美之心又没有定型，一下子觉得这样好，一下子又发现那样好，做父母的就需要理解孩子的爱美之心以及这种爱美之心的未定型状态。我们需要做的是在尊重儿童天性的基础上引导儿童，这需要有足够的耐心和智慧。

儿童暴虐性的劝服

我们需要尊重儿童，信任儿童，但并非简单迁就儿童，而是要在尊重、信任与激励的基础上逐步纠正儿童发展的方向。

辰特别喜欢玩具挖土机，傍晚的时候我在书房里写作，辰到书房门口玩，我看他从一箱苹果里拿出个苹果玩。后面外婆过来，大声吆喝辰："你怎么把苹果挖烂了？"一边喊我："你看你崽用挖土机把苹果挖烂了。"我起身走过去，一看，辰用挖土机的挖头把苹果挖开了一条缝，我只是柔和地劝说辰不要挖了，然后就带辰一起到外面去玩积木。（2018 年 4 月 6 日）

这里涉及一个关键的问题，那就是一方面我们需要让孩子在自身天性的释放中充分展现自我生命；另一方面，又需要避免孩子任性，使得孩子的行为不偏离应有的方向。换言之，孩子的天性如果得不到充分的展现，其生命就会处于一种压抑的状态，达不到对美好生活的体验；反过来，如果孩子任由自己性情地展现自我，儿童发展就会陷入一种无序的状态。总而言之，就是让孩子走在自我发展的中道之上。作为父亲，如何面对孩子把自己喜欢吃的苹果挖烂这件事？其间合理的方式即此时此刻我们通达孩子的中道如何？所谓的中道即正道，即引领孩子朝着合理方向的正道。当然，这里的引入正道并不是强加，而是创设情境，让孩子有尝试错误的空间，从而让儿童自主发现成为可能。这意味着我们需要充分地进入孩子这般行动的事情之中，理解孩子如此这般的理由，同时又尽可能地尊重孩子，潜移默化中引领孩子积极做事的方式。我们一方面甚至首先需要意识到孩子这么做的理由，那就是好玩，活泼好动；另一方面，我们又需要让孩子意识到这样做不对，即好玩与活泼好动用错了地方。换言之，我们一方面需要带着欣赏的眼光来发现孩子行为方式中的生命力量；另一方面，又要带着批评的眼光来发现孩子行为方式中的盲目与无序，把孩子的内在生命力量逐步引导到合理的方向上。前者涉及我们如何认同孩子、融入儿童的世界之中，由此真切地得到孩子的认同；后者涉及我们如何合理地引导孩子，引导儿童天性的合理释放，避免儿童世界的盲目与无序。这正是我们此时此刻面对孩子的中道，不从自我主观意气出发，而是切实地回到孩子，回到孩子的自我成长。

这里的另一个问题就是，我们对孩子的引导不可能一蹴而就，需要足够的时间和耐心。这意味着我们面对孩子要保持持续的中道。我们的问题，一是不能在此时此地找到进入孩子世界的有效方式，如《中庸》所言，"知者过之，愚者不及"，"贤者过之，不肖者不及也"；二是不能持续，如《中庸》所言，"择乎中庸，而不能期月守也"。《中庸》所谓"天命之谓性，率性之谓道，修道之谓教"，其实并不仅仅是对成长中的个体而言的，更是对已经长成的教育者自身而言的。教育孩子最难的是成人的自我教育，关键就在这里。对孩子的陪伴与教育是对成年人自我生命的历练。

区分两种顽皮

晚上 10 点左右，我在书房学习，听见辰在哭。我走过去看看，妈妈在对辰训话。原来，辰把好几颗巧克力用压土机碾碎，还自己用手碾碎了几颗，弄得床上到处都是。妈妈就大声训斥辰："下次还这样不？""知道错了没有？""要不要打手手？"

我仔细想想，辰应该是出于好玩，碾碎巧克力的过程让他很有成就感，只是不知道这样做会有什么后果，不仅浪费了巧克力，而且弄脏了床。妈妈说说也是应该的，只是不能过于严苛。（2018 年 5 月 28 日）

这里实际上要区分两种顽皮，一种是故意捣乱，即任性，对于任性的顽皮是需要坚决抵制的，以免强化孩子的任性；另一种是好玩，这是出于天性，不能过于责骂，而是让孩子注意，不要浪费食品，而且不要把不该弄脏的地方弄脏，意识到后果，逐步学会放弃有负面效果的游戏。

儿童世界的保护

> 晴在看儿童歌碟，突然吓得哭了起来。原来，正在放的是《歌唱二小放牛郎》，晴看到王二小被打死、流血，很是害怕，就告诉奶奶自己很怕。奶奶赶紧把电视关了，把晴带到书房。晴要我换《猴哥》的碟，说那个碟再也不看了。
>
> 我去换那个碟，晴吓得以为那杀人的镜头又出来了。后来我换《猴哥》的碟时，要她自己动手放进去，她都不敢了，以前她是争着要放的。(2010 年 1 月 8 日)

儿童世界是需要保护的，越是低龄阶段，这种保护就越是重要。这里的保护直接的是免受身体的伤害，更重要的是免受心灵的伤害。幼儿心灵伤害主要应避免两个方面：一是成人对幼儿本身粗暴对待，而非平等、温和地沟通；二是成人世界的不良情绪简单粗暴地进入儿童世界，诸如暴力、恐怖。这两个方面都可能会破坏幼儿内心世界的单纯、宁静，造成幼儿心灵的撕裂。

三、激活爱与美的生命体验：儿童生活与教育的中心

儿童在我们富于爱心的陪伴中成长，在游戏中成长。儿童游戏的过程不仅仅是儿童舒展自我身心的过程，同时也是儿童在其间体验爱与自由，获得身心濡染的过程。儿童成长的过程是从自然存在走向社会存在，即以自然性的展开而融入社会之中，从而寄予自然存在社会性的内涵。儿童成长的每一个活动都蕴含着某种生命的趋向，一种朝向周遭人事、融入周遭人事的动姿。直白地说，儿童是作为一个整体而朝向这个世界。这意味着儿童成长中的活动都不是单一性的，而是整体性的，是个体朝向世界的整体性实践。正

因为如此，儿童对周遭人事的认知，一开始就不是单纯的认知，而同时包含着对周遭人事的爱与关切，由此而整体地把自我融入周遭人事之中。

儿童向着周遭人事打开自我，在此过程中，儿童同时也把自我朝向周遭人事，儿童向着周遭人事而打开自我的任何活动，都隐含着儿童向着他人与世界的爱，也即对生活世界的爱。如果说个体降生于世，是自然的存在，那么个体从孤立的自然存在而逐渐形成与世界的联结，其通道就是基于儿童自然生命的爱欲。所谓自然爱欲就是个体本能地趋向外在之人与事物的欲求。儿童自身有着多种内在生命力量，这种力量向着周遭之人与事物显现出来，意味着儿童向着周遭人事而舒展自我生命力量之时，同时或首先内含着儿童趋向某种人事的欲求。儿童在爱欲中向着周遭人事打开自我，儿童认识事物、游戏事物都以这种爱欲为基础，儿童的所有活动都是这种爱欲的表达方式。儿童的任何活动都是从自我身体之中萌发出来的爱欲与力量的综合显现。儿童的活动是儿童爱欲的体现，儿童多样化的活动表明儿童对周遭人事的爱欲。亲子之间富于爱心、尊重、自由、创造性的交往，形成儿童向着周遭人事的美好体验，儿童与周遭人事的交往反过来提升、扩展这种原初的爱欲，从自然的爱欲提升为自觉欲求着美好事物的属人性的爱欲，也即成为一点点具有现实人性内涵的爱欲，由此逐步让儿童的活动提升为自觉欲求着美好事物的活动。

> 妈妈看到晴在烤火时还画画，妈妈问她："画的是什么？"
>
> 晴说："画的是天使。"
>
> 妈妈又问："天使是干什么的？"
>
> 晴说："天使会飞。"
>
> 妈妈问："天使还会干什么呢？"
>
> 晴说："会魔法。"
>
> 随后，我跟妈妈提起天使的事情，妈妈再次问起晴："天使是干什么的？"
>
> 晴说："帮全世界的小朋友实现梦想。"
>
> 妈妈再问："你要不要做天使？"
>
> 晴说："我要做全世界最好的天使。"（2013 年 1 月 10 日）

不难发现，当孩子说出"我要做全世界最好的天使"时，她的生命世界之中涌动着某种属人性的力量，此时此刻显现出一种个体成人的生动意向，一种超越自我而走向他人的朦胧生命渴望。如果说这个情境体验了一种个体成人的初始形态，那么，我们再进一步分析它的具体内涵究竟是什么？

孩子一边烤火一边画画，是把自我沉浸于绘画之审美活动中；正因为孩子因为绘画而显现出活跃的心智，当妈妈问孩子画的是什么时，孩子说出自己绘画过程中的天使想象，并在妈妈的进一步询问中，说出"天使会飞""天使会魔法"，进一步敞开因为绘画所带来的想象力的世界；而当妈妈问"天使是干什么的"，孩子回答"帮全世界的小朋友实现梦想"，这其中一方面融入了自己对实现梦想的期待，同时由自己联想到全世界的小朋友，在想象力的扩展中渗透了帮助他人、关爱他人的良善愿望；而当妈妈接着问孩子"你要不要做天使"时，孩子凭借稚幼的想象与质朴的热情，说出"我要做全世界最好的天使"，其间隐含着的是经由妈妈的提示而敞开的自我激励。如果说"天使会飞""天使会魔法"只是儿童想象力的漫无边际的扩展，那么当引导孩子说出"帮全世界的小朋友实现梦想"与"我要做全世界最好的天使"时，就已经不仅仅是在舒展想象力，以及一种被不断引导而迸发出来的生命之洞见，而同时是在传递自我向着世界的爱与热情；如果说想象力的扩展与洞见的萌发指向的是儿童理智世界发展的可能性，那么，儿童向着世界的爱与热情，就是儿童向着世界的积极情感、态度与价值观的孕育。两者的结合，正是个体成人的初始形态。正是以爱与美为起点，个体开始转向美善事物，一步步走上自我成人的道路。

我们再进一步分析，整个过程的发生跟背后妈妈的耐心询问分不开，也就是跟爱分不开，爱贯穿始终。妈妈的爱让孩子产生爱，通过爱而创造爱，由此让自我与他人和世界温暖地联系起来。富于爱心的持续交流创生着儿童的想法，也创生着儿童生命的可能性。儿童向着世界的想象力的打开与热情的培育，是以美为支点、以爱为动力的。如果说美直接激活心智，扩展想象力，把理智自我带向世界，那么爱则温暖孩子的内心，培育孩子向着世界的积极情感态度，把富于爱心的自我带向世界。由此，儿童是以整全的生命与世界相遇。美引导儿童在想象力与理智世界打开的过程中积极向上，爱引导儿童温暖地转向世界。审美带出想象力的发展与洞见的萌发；爱给予个体发展力量，同时爱创生爱，把个体想象力的发展引向爱的方向。正是爱与美的引领，形成儿童与周遭世界的美好而亲近的联系，并在此过程中带出自我美好的生命存在。正因为如此，儿童教育的中心，就是父母带着孩子一起去追求美好，就是让孩子活在爱与美之中，通过爱来创生爱，通过美来提升想象力与理智能力。换一种说法，通过美，个体获得想象力的提升；通过爱，个体与世界紧密相连。两者缺一不可。儿童教育的灵魂就是在我们跟儿童的交往情境之中开启儿童对美好事物的追求。

我们再来分析其间儿童爱欲的转向。从孩子绘画开始，联想到天使，再到"天使会魔法"，这里所展示的是基于儿童天性的浪漫想象，而从"帮全世界的小朋友实现梦想"到"做全世界的最好的天使"，可以说是浪漫想象下降，回到现实，这里显然既有儿童天性的一面，又超越儿童单纯基于天性的浪漫想象，而在其中渗透了人性的力量。这里比较典型地表明了儿童爱欲的转向，即从自然爱欲转向对美好事物的爱。幼儿喜欢涂鸦，这是儿童天性的表现，即儿童自然爱欲的显现。换言之，单纯的绘画活动本身并不足以唤起儿童的属人性，即单纯的涂鸦并不足以构成个体成人的活动，这意味着儿童的涂鸦同样需要成年人的参与，包括观看、激励、引导、欣赏，让作为活动过程的涂鸦富于意义。唯有在涂鸦之中开启对美好事物的想象，激发儿童对美好事物的爱，将儿童的自然爱欲提升为对美好事物的爱，儿童才从自然存在上升到属人的存在，也即活出某种人性的姿态。显然，绘画之技能的训练，并不足以让人成为人，唯有在技能的训练中启迪人的灵魂对美好事物的追求，真正的教育才能得以发生。绝大多数儿童的绘画，并不是为了成为专业的画家。绘画作为情感的表达方式，是作为儿童当下显现自我的生命实践形式。绘画就是为了成全当下，绘画的意义就在当下。儿童在绘画中自我的敞开反过来变成对自我的促进，这使得绘画的活动本身带出儿童更好的存在。这意味着绘画的活动最重要的是让孩子进入当下、进入当下的活动情境之中，去展现儿童的特质，展现儿童生命的浪漫与想象力。绘画的中心不在于绘的画本身的好坏，也就是并不在于技能的好坏，而是在于通过绘画活动，儿童生命世界得以充分敞开。换言之，我们所需要的是如何通过儿童绘画来激活他们个体成人的美好想象。个体成人的体验与单纯技能的习得是本与末、体（本体）与用（功用）的关系，本体就是成为什么样的人，功用就是去做什么事情。绘画过程中获得的爱与美的体验跟技能习得相比，前者是本，后者是末。本体包容技术，本体包容功用，任何教育都是如此，儿童教育更是如此。

爱与美作为精神起点，还有一个重要原因，那就是它们跟儿童的契合度高。儿童作为自然存在，是孤立的，走向他人的起点就是爱，爱让个体与他人联结起来。年幼个体是在他人之中，并且通过他人来获得自我。个体走向他人的中介就是爱，在其中，爱者向受爱者敞开自我，这种爱的姿态激励受爱者向着爱者打开自我，向爱者靠近，逐渐萌发对爱者的爱的应答，形成彼此之间爱的联结。常言"没有爱就没有教育"，其根源在于，正是在爱中、在人与人之间爱的联结之中，产生年幼个体的属人性。个体成人就发生在爱的交往之中。正如泰戈尔所言，"我们在热爱世界时便生活在这世界上"，"爱是充实的了生命，正如盛满了酒的酒杯"①，爱让个体向着周遭人与事物敞开自我，进而使得周遭人与事物鲜活地融入个体的生命世界，让自我与周遭人与事物关联起来，年幼个体因此而逐渐活在周遭人与事物之中，活出周遭人与事物的生动联系，个体便不再作为孤立的个体而活着，而是作为相互关联的个体而活在世界之中，并且一点点在爱中扩展着自我的生命世界。

美作为感性的优雅与儿童生命成长彼此契合，儿童正处于身体旺盛生长与感性能力勃发的阶段，对周遭事物的敏锐感知、非定型的想象力、出于直觉而生发的对世界的好奇心，这些特征都赋予儿童诗性的生命特质，使得儿童生命与审美自然地相契合。维柯谈及儿童时提出："诗的最高工作就是赋予本无感觉的事物感觉和情欲。"② 这恰好是儿童所擅长的，他们的特点就是可以喜欢和无生命的事物交谈，"仿佛它们就是有生命的"③。维柯由此断言："在世界的童年时期，人们按本性就是崇高的诗人。"④ 这里给我们的提示是，儿童天赋的感知和想象能力旺盛，又没有过多地社会化，所以他们的

---

① 泰戈尔．新月集 飞鸟集．长沙：湖南人民出版社，1981：122-123.
②③④ 维柯．新科学．北京：人民文学出版社，1986：97.

生活具有诗人的特质。正是因为儿童的诗人特质，让一个人在年少时把自我以诗性的方式投射于周遭世界，让自我与世界在儿童浪漫的想象之中紧密相连，孕育儿童向着世界的积极向上的生命姿态。

不难发现，正是爱与美开启儿童向着他人与世界的生命通道，成为儿童积极走向他人与世界的精神起点。正因为如此，爱与美相结合的教育就是适合儿童的最好的教育。这里值得一提的是，所谓爱与美的教育当然不只绘画，也不只具体的艺术教育形式，而且是包括渗透在亲子交往之中的诸种带有审美性的活动。只要能激活孩子优雅审美的方式，敞开儿童的美好生存，都是爱与美的教育，都是好的儿童教育。"一个人从蒙昧之中转向人之为人的世界，对周遭事物中的爱与美的体验构成一个人成为人的精神起点。爱与美的体验，唤起个体向着周遭世界的开放性，由此而逐渐把自我从动物性生存提升到人的精神高度。人之为人的根本就在于内心之中对美好事物的欲求，对美好事物的欲求是心灵生活的能力。教育作为个体成人的实践，其基本路径就是激活个体原初性的感受世界、体验美好事物、孕育心灵生活的能力。"① 年少时深度的爱与美的体验，孕育个体欲求美好事物的生命意向，由此带出个体精神成人的可能性。

正如柏拉图所言："一个受过适当教育的儿童，对于人工作品或自然物的缺点也最敏感，因而对丑恶的东西会非常反感，对优美的东西会非常赞赏，感受其鼓舞，并从中吸取营养，使自己的心灵成长得既美且善。对任何丑恶的东西，他能如嫌恶臭不自觉地加以谴责，虽然他还年幼，还知其然而不知其所以然。等到长大成人，理智来临，他会似曾相识，向前欢迎，因为他所受的教养，使他同气相求。"② 年少阶段对美好事物的经验奠定了个体欲求美好事物的生命原型，由此开启个体欲求美好事物的人生。如果一个人年少时期有一段有着激荡人心的美好事物的经历，他就会成为一个有教养的人、一个幸福体验深刻的人、一个不迷失的人。要遏制人类之恶，站在教育

---

① 刘铁芳. 什么是好的教育：学校教育的哲学阐释. 北京：高等教育出版社，2014：27.
② 柏拉图. 理想国. 北京：商务印书馆，1986：108.

的视角，一个重要的实践就是年少阶段对美好事物的经历。一个人年少的时候多一份美好事物的体验，人性中就会多一份美好，少一份恶。我们自身应努力成为儿童美善事物经验的一部分，增进儿童对美善生活的体验。

四、欲求美好事物何以可能：儿童教育的基本路径

爱与美的体验，奠定个体生命的初始形态。泰戈尔有言："我不能选择那最好的，是那最好的选择我。"① 我们在选择最好的事物之时，首先是最好的事情吸引了我们，抓住了我们，让我们朝向它。站在儿童发展的立场，儿童之所以能不断地趋向于美好事物，首先是因为儿童被潜移默化地引向了美好事物。这实际上是提示教育尤其是早期教育的重要性。直白地说，儿童早期发展过程中对美好事物的经历潜移默化地形塑着儿童对美好事物向往的生命姿态。早期教育的灵魂，就是寄予早期儿童发展美好事物的经验。

"教育以爱欲为基础，以生活式的交往为形式，以好的事物为目标，最终达到德行的发展与个体人格的完满。"② 教育作为个体成人的活动，其灵魂是对美善事物的欲求，即在个体生存的事实之中激活对美善事物价值的追求，由此把人的自然存在提升为文化价值的存在。一个人之所以能积极欲求美善事物，其关键无非是两个方面：一是积极地欲求，二是这种欲求指向美好事物。这意味着以个体成人的视角看，教育的奥秘就是爱欲与美善事物的结合，即一方面激活个体爱欲，另一方面把这种爱欲引向对美善事物的追求。就个体成人的历时性而言，这意味着儿童阶段教育的中心就是开启儿童对美善事物的欲求。接下来的问题就是何以开启儿童对美善事物的欲求。同样的道理，儿童美善事物的欲求始自儿童之爱欲本身的萌发，爱欲植根儿童生命自然，儿童生命之爱欲的激活，意味着儿童自然生命的充分激活，换一种说法就是激活儿童天性，即在儿童天性的激活之中萌发活泼的爱欲；还有就是融儿童天性于美善事物的体验之中，即以审美体验来引领儿童爱欲的转

① 泰戈尔. 新月集 飞鸟集. 长沙：湖南人民出版社，1981：69.
② 刘铁芳. 什么是好的教育：学校教育的哲学阐释. 北京：高等教育出版社，2014：23.

向，把基于儿童天性的爱欲引向对美善事物的主动欲求。

简言之，个体成长首先是成为有爱欲的人，其次是成为爱欲着美善事物的人。站在教育的立场，首先是培育有爱欲的人，再让这种爱欲转向美善事物。当然，这种区分是逻辑上的，在实践中两者是统一的。我们是在儿童爱欲展开的过程中渗透美善事物的引导，反过来，我们在以美善事物引导儿童发展的活动过程中，同样以激活儿童爱欲为基础与载体。

教育始自爱欲，没有爱的欲求就没有教育。爱欲是把个体自我投射于事物之上的生命意向。儿童天性活泼好动、无拘无束，正因为如此，儿童就其自然爱欲而言大都指向周遭好玩的事物，小花小草、小猫小狗都可能成为儿童倾注的对象。这种爱欲是自然发生的，是随意的。自然爱欲的萌发是无序、无节制的。儿童教育的重心就是在激活儿童爱欲的同时，促成自然爱欲的转向。

一个人的爱欲为什么会转向？我们可以从两个方面来分析：一是从客体而言，二是从主体而言。从客体而言，意味着儿童生活中存在着美好事物的痕迹，儿童身体可以直接地感受到。这里值得一提的是，我们应该尽可能多地给予儿童适宜而又契合美善的教育内容。柏拉图特别强调早期教育内容的选择性，特别是儿童教育内容，尽可能要那种既善且美的作品。

从主体而言，就是能激活儿童内心对于美好事物的爱恋，激活的根本方式就是人与人的交往，即亲子之间、朋友之间富于爱心的交往。简单地说，一是让儿童身边有美好，二是有人和儿童一同去追求美好。值得一提的是，我们跟儿童在一起的活动本身就内含着美好事物的体验，即让儿童感受到爱与被爱，以及彼此之间生命的融合。孩子之所以能够跟我们找到在一起的感觉，就是因为有了跟我们在一起的过程中的美好事物，他们浸润的是其间的美好事物，而非对我们的喜欢。换一种说法，孩子喜欢我们，并不仅仅是喜欢我们这个人，而是喜欢跟我们在一起时的感觉，喜欢跟我们在一起时获得的美好事物的感觉。儿童之间之所以能成为朋友，并且能保持朋友的交往，正是因为朋友之间在一起的方式能给彼此带来某种生命的契合以及由此而来的美好事物的体验。美好事物的经历不仅成就儿童当下生命的充实，而且会沉淀为个体生命中美好事物的记忆，成为个体成长历程中的精神资源。儿童教育的真谛就是我们跟孩子在一起，去获得美好事物的经验。

总而言之，个体教育的发生就是在爱中，并且凭借爱而让个体与周遭他人和世界联结起来，进而让个体与周遭他人以及世界之间的生动联系融入个体生命之中，并让个体在此过程中充分地体验美好，由此而让这种联系以及其间美好事物的经历建构着个体自我，并让自我处于美善事物的浸润之中，最终让原本自然的、孤立的个体逐渐成为审美性的、属人性的、社会性的个体。

值得一提的是，如果说个体成人其核心就是爱与美的体验，而个体成人的关键阶段就在早期，这意味着家庭生活与教育对于一个人的成长具有根本性的意义。家人跟孩子的交往奠定了孩子最初的人性方式；换言之，早期家庭交往与教育奠定了个体成人的初始范式。常言"好父母胜过好老师"，其原因就是家庭在个体成人中的基础性与根本性意义，年幼个体与父母之间爱的交往与联结方式带出个体成人的初始形态，学校教育不过是家庭交往所奠定的个体成人之初始形态即原型的延续与扩展。无疑，早期家庭亲子交往就是最重要的教育，就是儿童教育的初始而根本的形态。这意味着我们不仅需要充分重视早期家庭教育，而且更重要的是切实而有深度地关注我们跟孩子交往的方式，关注我们跟孩子在一起的方式，思考我们自身何以成为儿童美好事物体验的重要源泉。

五、儿童成长在关系之中：儿童教育与儿童性的建构

我们经常可以听到这样的说法："儿童是教育的中心。"这种表达作为日常概念，是说教育要重视儿童，尽可能站在儿童的立场开展教育实践。就这一点而言无疑是十分恰当的，特别是我们传统的教育整体上过于注重教师的威权，强调成人本位，突显儿童是教育的中心就更具有现实的针对性，意在纠偏教育的教师中心与成人本位。这里隐含着另一个问题：如果教育的教师中心与成人本位弱化儿童的地位，儿童沦为被控制的对象，那么当我们强调儿童是教育中心时，我们又容易走到另一个极端，即我们容易把儿童浪漫化，甚至把儿童作为我们崇拜的对象，这样的结果同样是导致把儿童孤立

起来。

还有一种说法："儿童是成人之师。"儿童究竟在何种意义上是成人之师？显然，儿童作为成人之师并不是知识性的，即儿童并不具有知识上的优先性；也非先行给定的，即成人跟儿童在一起并不必然会发生"儿童作为成人之师"的状况。直白地说，所谓"儿童作为成人之师"是强调成人跟儿童在一起时，需要真实地进入与儿童交往的关系结构，切实地理解儿童，生命转向儿童，形成自我与儿童生命之间的生动交流，由此而达成彼此生命的融合。这种融合体现在两个层面：一是成人之于儿童，成人对儿童的爱与引导以及成人自身的言传身教，寄予儿童社会性的引领与人性的生长；二是儿童之于成人，成人跟儿童在一起的方式也给成人自身提供一种生命回返初始的通道，我们在儿童身上寻找曾经的自我，以回复生命的圆融、质朴与真纯。儿童能作为成人之师，有赖于成人真实地进入与儿童的交往关系之中，并且自觉这种关系。一句话，"儿童作为成人之师"，有赖于成年人自身的自觉。

人类之所以需要教育，是因为人之为人，不同于动物之为动物是先天自然本能的展开，而是活在经验之中，即基于个人自然本能的后天人类经验的获致。教育就其目标而言，是个体的文化化与社会化，即个体自然生命的类生命化；教育就其过程而言，是从个体自然生命出发，一点点敞开个体类生命的存在。前者指涉教育的本体与目标，后者指涉教育的过程与方法。正如蔡元培先生在《教育独立议》中所言："教育是帮助被教育的人，给他能发展自己的能力，完成他的人格，于人类文化上能尽一分子的责任的；不是把被教育的人，造成一种特别器具，给抱有他种目的的人去应用的。"① 把一个人培养成完全之人格，让其能于人类文化上尽一分子的责任，这是教育的本体与目标的表达；帮助被教育的人，发展自己的能力，提升其人格，这是教育的过程与方法。

就人类生命史而言，教育的核心就是生命经验的代际传承，教育就其实质而言是代际之间的交流。虽然教育也需要经验的创造，特别是在今天，伴随知识创新越来越多地成为社会的主题，但教育的本质是育人，真正的创造

---

① 高平叔．蔡元培教育论集．长沙：湖南教育出版社，1987：334.

是发生在个体成人之后，教育是培育能创造的人。有这么一个例子：

> 1920 年 10 月，一位印度传教士辛格（Singh）在印度加尔各答的丛林中发现两个狼哺育的女孩。大的女孩约 8 岁，小的 1 岁半左右。据推测，她们必是在半岁左右时被母狼带到洞里去的。辛格给她们起了名字，大的叫卡玛拉（Kamala），小的叫阿玛拉（Amala）。当她们被领进孤儿院时，一切生活习惯都同野兽一样，不会用双脚站立，只能用四肢走路。她们害怕日光，在太阳下，眼睛只开一条窄缝，而且不断地眨眼，习惯在黑夜里看东西。她们经常白天睡觉，一到晚上则活跃起来。每晚 10 点、午夜 1 点和 3 点循例发出非人非兽的刺耳的怪声。她们完全不懂语言，也发不出人类的音节。她们两人经常动物似的蜷伏在一起，不愿与他人接近。她们不会用手拿东西，吃起东西来真的是狼吞虎咽，喝水也和狼一样用舌头舔。吃东西时，如果有人或有动物走近，便呜呜作声去吓唬。在太阳下晒得热时，即张着嘴，伸出舌头来，和狗一样喘气。她们不肯洗澡，也不肯穿衣服，并随地便溺。

儿童性并非自然地展开，亦非自明地展开。儿童性作为人性的初生形态，必然地展现在人性的视域之中，展现在人与人的真实关联之中。正如辛弃疾《清平乐·村居》所写："茅檐低小，溪上青青草。醉里吴音相媚好，白发谁家翁媪？大儿锄豆溪东，中儿正织鸡笼。最喜小儿亡赖，溪头卧剥莲蓬。""溪头卧剥莲蓬"的儿童姿态，正是建立在白发翁媪的"醉里吴音相媚好"、"大儿锄豆溪东"以及"中儿正织鸡笼"所呈现出来的成人世界的和谐有序之上。儿童是在与成人世界真实关联的过程中显现其儿童性的，儿童性就其存在样态而言，是实践着的、是生成着的。

卢梭因为《爱弥儿》而被视为儿童的发现者，进而引发教育史上的哥白尼革命。爱弥儿作为卢梭自然教育的理想形象，其成长过程无疑倾注了卢梭的良苦用心。我们是否就可以说在卢梭的教育理想中儿童就是中心呢？或者，换一种说法，在卢梭的教育设计中，儿童究竟是何种意义上的中心？卢梭无疑是强调教育要顺应儿童发展，但这里的顺应绝非迎合，而是如何让儿童发展遵循自然的轨迹。在爱弥儿成长过程中有一个无所不在的监护人，监护人的意义就是始终让爱弥儿的发展遵循自然的轨迹，免受来自外在的和内在的影响对儿童自然发展的冲击与儿童成长之自然秩序的偏离。

教育是一种关系。儿童发展与其说是顺着儿童天性发展，不如说是在成人与儿童的关联之中带出儿童天性的发展，儿童教育的关键是我们跟孩子在一起的方式。这种方式实际上不仅仅涉及我们直接跟儿童交流时如何面对儿童的方式，同样会因为儿童长于模仿的缘故，涉及我们跟他人交往而间接影响儿童行为的方式。正如马克思所言，"每个人的自由全面发展是其他一切人的自由全面发展的条件"，儿童教育的真正依据还在于我们自身，在于成年人的自觉，一是自觉自身对儿童发展的责任，由此而采用恰切的方式去引导儿童；二是自觉到自身言行对儿童的示范性，由此提示自己在任何时候都要给儿童良好的示范。如果说前者的中心是言传，后者的中心则是身教。综合起来，儿童教育得以可能的中心在于具有儿童意识或向着儿童的成人之自觉。

显然，儿童发展是基于儿童天性，但儿童天性仅仅是作为一种可能性，要转化成现实性还有赖于成人的参与，我们跟孩子在一起的方式带出儿童的天性发展。儿童性显现在交往中，简言之，真正的儿童性是积极的交往实践的产物，而非任由发展的结果，简单的儿童崇拜难免会导致儿童的自我封闭。儿童性显现在合宜的关联场域之中，这一场域不仅给儿童提供生命成长的参照，同时作为一个彼此关联、相互激励的场域而带出儿童积极的生命存在，进而在这种存在中包蕴着儿童的自我发展。在这个意义上，教育作为一种生活，不仅仅如杜威所言，是因为在生活中，并且通过生活，能获得经验以及经验的改造，同时还因为生活本身作为一种活生生的交往与激励的场域，带出个体自我成长的可能性。

第四章

游戏与审美：儿童生活的展开与儿童教育的可能性

由于早期儿童发展更多地具有被动性与可塑性，早期儿童教育的引导对于儿童发展潜在生命结构的建立意义非凡。个体早期阶段的教育当然也不能任意塑造孩子，但早期阶段的教育无疑具有重要的开端启新意义。这意味着关注儿童美好生活的构成以及教育的可能性路径，是一个无论怎么抬高都不过分的问题。

一、从游戏到审美：儿童生活的展开及内在秩序

所谓游戏就是借助于某种事物而展开的不带特定目的的儿童活动形式。由于儿童具有非社会化或低社会化的特征，故在儿童的世界里，几乎一切事物都可以成为游戏的对象。儿童生活着，就总在游戏着，游戏就是儿童生活的本质。当我们悉心探询时，可以发现，儿童在不同阶段有着不同的游戏方式，或者说不同阶段游戏对于儿童有着不同的生命意义。

游戏与儿童生命力量的显现

我们来看笔者的日常亲子生活片段：

我还睡在床上，辰就跑过来了，要我陪他玩。起床之前，我要做一下保健运动，就要辰先出去玩一下。辰快快不乐地走出去，随口说道："爸爸不跟我玩了。"我赶紧起来，陪辰玩积木。我找到个小椅子，坐在旁边，看着辰一点点搭建积木，偶尔帮一下忙。中间一个小窗户似的积木，需要把窗叶夹上去，我有帮他的意向，辰连忙说："我来。"他卡了一下，卡不上，就要爸爸帮，我很快就帮他卡住了。辰不停地搭建，不断地推倒重来，乐此不疲。还有一个特别有意思的细节，辰很喜欢积木中的小滑梯，当辰把滑梯搭上去的时候，马上把右手举起来，还跟我说："拍一个。"我一下子没明白过来，看他举起手掌的样子，原来是要我跟他击掌，我赶紧跟他击掌。一会儿又搭好一个滑梯，辰又跟我击掌。

特别有意思的是，当我陪孩子游戏的时候，偶尔用一下手机，孩子就会马上过来说"不玩了"，然后把我手机放进我衣服袋子里；有时我

随手带一本书，他就会把我的书拿过去，放到旁边。（2018年3月24
日）

当儿童跟父亲兴奋击掌的那一刻，喜悦之情溢于言表，儿童通过积木游
戏，真实地获得了自我生命的愉悦。玩积木是一个典型的儿童生活场景，这
个场景何以成为儿童的美好生活？其间的要素主要包括三个方面：

首先，积木完全是自由搭建，没有特别的规定，孩子可以任由自己的想
象去构型，这意味着儿童的自由自主，即儿童可以自由自主地发挥自我生命
力量。这里的关键是没有规定性任务，没有强制，儿童可以自主去玩，这是
从消极层面给儿童自由。另外，有各种不同形状的积木，这使得孩子的自由
搭建成为可能，这是从积极层面给出儿童的自由。两者的结合，使得儿童自
主游戏成为可能。

其次，积木数量、种类较多，比较简单而又能无限变化，足以激活孩子
的想象力与创造力，让活动充满创造性和趣味，激活孩子的生命潜能。这意
味着儿童生命力量的充分释放，即儿童以儿童的方式来舒展自我生命，以游
戏的方式让自身存在绽放出来。这里涉及儿童展现自我的基本要素，包括以
构型为中心的儿童想象力，以儿童自己组合构型为中心的儿童动手能力，以
及对自我构型活动的欣赏与评价能力。在此过程中，儿童自由而整体地展现
自我生命力量，反过来，这种展现又充实了儿童的内在生命。

再次，十分关键的一点是，孩子活动的展开是建立在作为父亲的"我"
之陪伴基础上的。儿童需要陪伴，亲近他人的陪伴给予儿童安全感[①]，使得
孩子可以安心游戏，在游戏中能得到必要的帮助，并且在游戏过程中能随时
获得认同与鼓励。这里包括两个层面：其一是亲近他人的陪伴，这里又包括
三个关键质素，一是"亲近"之人，这意味着爱的不可或缺；二是"他人"，
特别是成年人，这意味着他者视域的参与，由此而为儿童发展提供不同的视
域，这使得激励、鼓舞、矫正孩子的行为方式，让孩子获得意义感成为可
能；三是"陪伴"，这既意味着亲近他人的在场，同时又意味着亲近他人自
身作用的审慎，即不过度干预孩子的自主活动。儿童的游戏总是认真的，孩

---

① 刘铁芳. 安全感的教育意蕴及其实现. 教育研究，2016（2）.

子需要的是我们陪伴时的真诚。陪伴儿童游戏，意味着我们需要和儿童一道，共同进入游戏情境之中。正如伽达默尔所言："只有当游戏者全神贯注于游戏时，游戏活动才会实现它所具有的目的。使游戏完全成为游戏的，不是从游戏中生发出来的与严肃的关联，而只是游戏时的严肃。谁不严肃对待游戏，谁就是游戏的破坏者。游戏的存在方式不允许游戏者像对待一个对象一样对待游戏。"① 成人的陪伴是儿童游戏的一部分，唯有当成人真诚地陪伴其中，儿童游戏才真正得以充分展开。其二是儿童游戏的展开过程，又包括三个环节：一是自己玩，二是亲近他人的协助，三是亲近他人的观看与回馈，持续地观看即关注本身就是一种回馈孩子、认同孩子并激励孩子的方式。

我们再从儿童视角来分析，孩子在游戏情境中的美好生活状态是如何发生的？首先是孩子自身的舒适，无压迫感，自然地切合于当下游戏情境；其次是当下自我生命的投入，孩子能够调动起全身的各种能力与力量，孩子的想象力、思维能力与动手能力都能得到充分发挥；最后，孩子的存在不仅是当下的、平面化的，也是历史的、立体的，即孩子也会把过去的经验带入当下，从而使得其历史的、立体的生命展现逐步成为可能。在前面的游戏情境中，其历史化的痕迹直接表现为：一是积木本身的玩法包含着其自身的经验积累；二是积木构型包含着对过去所看到的事物的模拟；三是击掌的方式，也是其刚刚习得的简单庆祝仪式的表达。换言之，游戏情境所激活、敞开的是儿童个体完整的存在，是当下与历史、情感与理智、思考与行动、身体与心灵的整体的融入、敞开以及由此而来的儿童生命的充实与美满。细小的游戏片段蕴含着儿童完整生命的在场。

孩子在玩积木的过程中不断地自我构型并实践其想象中的构型，边做边学，在做中学，积极展现自我智性潜能。孩子在与爸爸的互动中变着花样来构型，使游戏洋溢生动的趣味。孩子把自己内心的想象投射于积木构型之中，得到爸爸的回应，这其中，彰显着和谐与美，父亲和孩子的生动互动形成亲子之间爱的联系。游戏之所以作为儿童美好生活的基础形式，首先是儿

---

① 伽达默尔. 真理与方法：上卷. 上海：上海译文出版社，1999：131.

童自我生命的彰显与由此而来的自我生命的确证；其次是个人理智能力的习得；最后是爱的实践，感受爱与践行爱。正是爱的唤起才使得游戏的过程成为儿童个体向着世界萌生爱意的过程，爱的意向激励儿童在游戏过程中倾心投入。离开了这种爱的意向，儿童在游戏中的社会性存在就是空洞的，儿童在游戏中的发展就只是单纯理智性的。也许，儿童智性能力的展现具有某种天赋的本能，但单纯智性能力的展现并不足以让孩子在游戏情境中显现为人，或者说显现为充分的儿童。父亲跟孩子在一起的游戏过程，是激活并带出儿童生命潜能，焕发儿童作为爱、美、趣、智的存在；总之，此时此刻的孩子展现的是整体生命之美。

在这个意义上，儿童美好生活正是儿童在爱的关联中自我生命力量的逐渐打开，以及儿童生命力量彰显过程中的自我确证与自我充实，爱的陪伴在其中具有不可或缺的奠基性意义。儿童倾心投入其中，在积极展现自我的过程中达成和谐与优雅的身体姿态，由此构成此时此刻儿童生活之"美"，并在爱的陪伴和激励中与周遭人物建立起和谐、优雅的关系，从而构成此时此刻儿童生活之"好"，儿童美好生活是既美且善的生活。儿童美好生活之可能性，从消极之维而言，意味着个体免于自我身心的紧张，保持自我身心的自由状态；就积极之维而言，意味着个体朝向美善事物的热情，即个体保持向着周遭世界的开放性，并呈现为追求美善事物的身心状态。总而言之，儿童美好生活之可能性的实现就是在爱与自由的情境中真实地敞开儿童对美善事物的追求。

童谣与儿童生命的秩序感

两个多月后，我和孩子交往的另一段经历促发我进一步思考。

早几天，我跟辰一起玩，听到辰唱"伊阿伊啊呦"，不知辰是怎么学来的，这是《王老先生有块地》中的一句，我连忙和辰一起唱，把前面一句也唱出来："王老先生有块地，伊阿伊啊呦。"我一边唱，一边跟着节奏弯腰跺脚。辰也跟着唱，前面一句唱不清楚，但唱"伊阿伊啊呦"时特别来劲，一边唱一边跺脚，笑起来很开心。今天我跟辰坐在床上玩挖土机游戏时，辰一下又唱起"伊阿伊啊呦"，我又跟辰一起开心

> 地唱"王老先生有块地，伊阿伊啊呦"，辰唱起来同样很兴奋，这一次把前一句也唱得清晰多了。（2018 年 5 月 19 日）

当小孩与爸爸一同有声有色地唱着"王老先生有块地，伊阿伊啊呦"时，孩子的生命世界呈现为积极而美好的姿态。其间所蕴含的儿童美好生活的基本质素主要体现为审美、简单、有趣与爱的陪伴；站在儿童教育的立场，就是在爱的陪伴中引导孩子全身心地融入简单、有趣的审美情境之中，以爱、美、优雅的节奏浸润孩子的身心，带出儿童美好的生存状态。

这里的关键质素首先体现为契合儿童天性的审美情境。在这里，构成儿童个体初始性的审美情境，就是童谣表演游戏中一种简单的重复所显现出来的节奏感，在简洁而有趣的重复中逐渐敞开儿童生活的秩序。儿童早期发展一个重要的内容是儿童生命力量的显现与自我确证，随之而来的重要问题就是这种力量如何逐步以恰当的方式显现。早期审美教育的意义就是给予个体生命力量显现简单的节奏和韵律，一点点促成自我生命的内在秩序。

如果说玩积木更多的是儿童天赋的自由展现，陪伴的意义是让孩子更加充分地发挥自己天赋潜能，那么，审美性的童谣表演游戏可谓教育引导的开端。简单、优雅而富于儿童趣味的审美情境，契合儿童心灵，深入儿童心灵，赋予儿童心灵优雅的节奏感。当然，这里的另一个关键质素同样是成人之爱的陪伴。父母真诚的陪伴与参与，不仅强化了审美情境的节奏感，突显了审美情境本身，同时以温暖的陪伴激活个体心灵，使得优雅的节奏深入人心。

中国古诗与儿童生命的深度扩展

很快，我又发现了儿童学习的另一个重要内容，那就是简洁而优美的中国古典诗歌：

> 辰学会的第一首诗，确切地说是外婆教给辰的第一首诗，几乎也是无数中国小孩学会的第一首诗，就是骆宾王的《咏鹅》："鹅鹅鹅，曲项向天歌。白毛浮绿水，红掌拨清波。"接下来是李白的《静夜思》、孟浩然的《春晓》、王之涣的《登鹳雀楼》。辰刚开始背诵的时候根本就说不

清楚，慢慢地才能背诵得清楚一点。早几天去喝喜酒，在餐桌上，大家逗辰背诵诗歌，辰把学会的诗都背诵了一遍。（2018 年 5 月 27 日）

儿童学习古诗一开始是非认知性的，而接近于鹦鹉学舌。但很多小孩之所以喜欢背诵古典诗词，一个重要的因素是古典诗词的简洁优美与鲜明的语言节律，也即一种语言形式上的和谐优美。伴随儿童成长，其间的文本内涵逐步向着儿童世界彰显。换言之，儿童初始的文化意义上的学习首先是形式的，是基于感性审美而获得自我最初优雅而富于节奏的汉语言感受，由此而逐步打开汉语言所蕴含的天地人事的世界。

我们来看《咏鹅》："鹅鹅鹅，曲项向天歌。白毛浮绿水，红掌拨清波。"伴随个体人生发端，所打开的正是一个有声（鹅鹅鹅）、有形（曲项向天）、有色（白毛、绿水、红掌、清波）的鲜活而动态（浮、拨）的日常生活世界。前面两句是一种整体而粗略的呈现，后面两句是一种局部而细致的呈现。早期诗歌教育的意义正是以审美的姿态潜移默化地把儿童个体带入鲜活而生动的天地万物之中，把生动的自然直接地给予个体。这里所敞开的正是一个人进入中国文化世界的初始门扉，也即作为个体进入文化世界的开端。其间所隐含的正是中国文化背景中个体成人的初始蕴含，也即将年少个体直接带入有声、有形、有色且生动的天地万物情境之中。人与自然的直接相遇，正是开启个体作为中国人的文化生命形态的初始形式，以此为起点，个体一点点步入更宽广的文化世界。

从"王老先生有块地，伊阿伊啊呦"，到"鹅鹅鹅，曲项向天歌"，其间的相通之处就是节奏感。儿童成长早期诵读的优美古典诗歌，其根本意义并不在于内涵，而在于中国精美古典诗歌直接呈现出来的音韵的和谐与语言的节奏感。古典诗歌的内涵是在个体成长的过程中逐渐打开，并融入个体生命之中。换言之，当两岁多的孩子神采奕奕地唱出"王老先生有块地，伊阿伊啊呦"之时，他并不知道也不需要知道"王老先生有块地"是什么意思，他所需要的就是在唱着"伊阿伊啊呦"的过程中，把自我生命的力量借着这一简单而并不具有特别意义的重复性话语所呈现出来的节奏充分地表达出来。这一过程反过来也让稚幼的生命个体找到自我无序的生命力量秩序化地显现自身的初始形态。其间所不同的是，如果说"王老先生有块地，伊阿伊啊呦"是一种基于日常生活口语化的简单重复中的节奏感之呈现，那么，"鹅鹅鹅，曲项向天歌"则显然是一种更具复杂性与多样性的超越日常生活的更具中国古典语言意味的节奏感之显现。

二、儿童生活的展开与个体成长的内在秩序

从积木游戏，到"王老先生有块地，伊阿伊啊呦"的随意表演，再到古典诗歌的诵读，其间所显现的正是个体成长初期，稚幼生命如何打开自我的初始性发展顺序：积木游戏意味着儿童身心在游戏中的自我打开与儿童天赋能力的自由显现；"王老先生有块地，伊阿伊啊呦"的随意表演则是稚幼个体生命力量找到一种舒展自我的内在节奏感，从而意味着个体生命之寻求节奏感与审美和谐的发端；古典诗歌的学习意味着儿童生命向蕴含着中国语言审美节律的文化世界打开的初始形态。在这里，审美化的游戏与节奏感的获得是个体逐步转向文化世界的中介。伴随儿童生活的展开，看似无序的儿童活动，蕴含着某种自发性的秩序，这种秩序表明儿童发展的可能性。我们所要做的就是恰切地理解这种秩序，有意识地引导这种秩序的生成，以增进儿童美好生活的可能性。

因为持续地陪伴并观察孩子的游戏生活，我发现，儿童游戏本身的品质也在逐步提升：

> 前一段时间，辰更多的是随意地搭积木；这段时间以来，辰会有意识地搭消防车、小火车、枪，因为辰最喜欢的玩具就是车，还有玩具枪。今天早上，我又陪辰玩积木，他做成一个枪，然后拿起积木搭建的玩具枪来，做出"啪啪啪"打枪的样子，嘴里说着"打坏人"。我惊讶于辰突然喊出"打坏人"，原来是这两天看了一个抗日主题的电视剧，他无形中也受到了影响。（2018 年 6 月 28 日）

这里实际上表明孩子玩积木的变化过程：首先是随意地搭建积木，没有特别的模拟对象；其次是有意识地仿照某一个熟悉事物而搭建；最后是赋予所搭建的积木社会意义，并尝试着仿照。如果说随意搭建积木，重在个体生

命力量的随意显现，那么有意识地模拟某物，意味着搭建积木的意义感被强化，即个体生命力量的显现朝着某种有意的方向发展。从孩子搭成枪的模样，然后做出打枪的动作，再到一边打枪一边喊着"打坏人"，这其间无疑是儿童游戏行为之社会意义的扩展，即从单纯的动作模仿到一种社会化行为方式的习得。不难发现，儿童通过游戏而获得自身发展，不仅意味着游戏类型的扩展，同时蕴含着同一游戏品质的逐步提升。

个体初生于世，首先获得的是自然生命力量的逐步生长以及无意识中的、无序的显现，儿童游戏正是个体彰显自我生命力量的有趣而有效的路径；个体审美节奏感的获得，则是赋予个体生命力量的显现和谐与秩序；古典诗歌的学习，则让个体对秩序感的体验由外而内，逐步浸染于个体心灵，一点点转化成自我生命内在的和谐与秩序感，由此逐步把自我生命力的发展引向合理的方向。值得一提的是，儿童生活是整体而混杂性的，个体发展绝非线性展开，不同类型的活动往往是循环往复、彼此杂糅地融汇在儿童生活展开的过程之中。换言之，儿童自发的生活更多是无序的，初始的儿童游戏具有随意性与多样性，儿童是在逐步增进审美化游戏的过程中生成儿童发展的内在秩序。一方面，不同类型的游戏本身的意义感逐步提升；另一方面，具有文化意味的游戏逐步扩展。秩序生成于无序之中，这意味着成人世界对儿童生活合理引导的必要性，我们需要在尊重并理解儿童的基础上，激励儿童自由而充分地展现自我生命力量，同时有意识地以爱、美、节奏感熏染儿童，促成儿童生命优雅秩序感的积极获致。

从儿童积木游戏、审美游戏的开展，到古典诗歌的诵读，蕴含的正是儿童自我生命的初始萌动，以及个体生命成长的发端，其间的路径表现为天赋能力的舒展、审美节奏的浸润与诗性文化的濡染，三者都是从身体出发，以儿童感性能力的激活与审美节奏感的唤起为中心，逐步开启儿童美好生活的可能性。儿童的很多活动，甚至可以说所有的儿童活动，并不需要特别的意义，不需要更高的目的，但儿童成长需要更高目的，这意味着我们是要在并无特别意义的儿童活动之中逐步打开儿童未来生活的可能性，逐渐提升儿童活动的意义感。从身体出发，切实地理解儿童美好生活的内在可能性，进而引导这种可能性的展开，由此显现一种以儿童教儿童，即就着儿童自身美好生活敞开的路径而引导儿童发展的教育路径。

这其中，隐含的正是儿童成长与教育的内在秩序与基本路径：首先是从儿童本能出发的力量舒展与儿童天性的显现，儿童的诸种游戏中所彰显出来的好奇心、想象力与一种不加遏制的、即时性的动手能力，都是从本能出发的儿童内在生命力量的显现。其次，儿童发展的指向是以文化的力量逐步替代个体本能的支配，而让个体内在生命力量秩序化，并引向合理的方向。再次，节奏与韵律感的获致无疑是促成个体生命的秩序化与内在生命力量显现的和谐与秩序的中介。最后，审美教育作为过渡把个体逐步引向文化世界，是儿童生命力逐步跃升的核心与关键所在。如果说儿童生命成长过程中之力量与秩序、自然天性与人为（人文）教化之间必然地存在着裂缝，那么，审美教育就是沟通、弥合这一裂缝的基础形式。正如康德所言："未受培养的人是生蛮的，未受训诫的人是野性的。"① 人性是需要教化的，把年幼个体生蛮的力量逐步引向和谐与秩序，可谓个体教化的开端。从儿童本能力量的彰显，到节奏与韵律感的获致，再到个体文化世界的逐步打开，其间所隐含的正是个体初始阶段人性教化的基本路径。

《中庸》有云："天命之谓性，率性之谓道，修道之谓教。"儿童的天性隐藏在天赋能力之中，通过天赋能力的彰显而显现出来。天赋能力逐步以契合美善秩序的方式显现，天性就逐步提升、转化成了社会性与文化性，最终成就了儿童健全而饱满的个性。理想的儿童教育正是从儿童天性出发，在儿童美好生活体验中敞开儿童生命成长的内在路径，由此一点点带出儿童的社会性与文化性，带出儿童现实的人性，带出儿童既美且善的生命存在。以儿童教儿童，正是以开启儿童美好生活可能性的方式引导儿童，由此让率性之道潜移默化地融入儿童生命之中。

三、整体唤起：教育何以引导儿童美好生活的可能性

儿童更多的是作为身体的存在，好的儿童教育就是要充分激活儿童身体

---

① 康德. 论教育学//李秋零. 康德著作全集：第9卷. 北京：中国人民大学出版社，2010：444.

向着周遭世界的感受力，不知不觉中让儿童充分舒展自我，向着周遭他人与世界充分打开自我，让儿童在融入周遭人与事物的过程中潜移默化地超越自我，达成自我生命更高水平的和谐、优雅与秩序感。

> 辰是典型的腼腆型小男孩，做什么事情都是慢热。这学期辰妈妈开始带他去学跆拳道，教跆拳道的是幼儿园的体育老师太阳哥哥，一起学习的有辰的朋友柯南，几个都比他大一岁多，也有一个是他同学。第一次上课是妈妈跟他一起当学生，他玩一下后就靠在妈妈身边；第二次也是妈妈跟着一起学，辰慢慢跟大家熟悉了。特别是学习结束后，辰和柯南一起在里面疯玩，不肯回家。昨天下午6：30左右，我从学院出来后直接去辰学习的地方，走进去，惊讶地发现辰妈跟柯南妈一起坐在外面。我从门帘缝往里看，辰正跟着大家一起蹦蹦跳跳，非常开心，已经基本融入其中了。太阳哥哥的教学基本是以游戏的方式，孩子们玩起来很开心。过一会儿，听到里面有哭声，一听就知道是辰，又过了一会儿，辰还在哭，我进去给辰揩眼泪，原来是辰的头碰了一下墙。我哄了一下辰，太阳哥哥带着大家把手撑在地上，脚搭在靠过道的栏杆上，用手撑着，一点点往右边移动。我和妈妈诱导辰尝试这样做，辰的手臂力量不够，能把脚搭上来就不错了，移动有些困难。辰没有信心，不想做，想跟妈妈走。好在一下就下课了，辰马上又活力四射。我和妈妈要回来，辰却跟着柯南继续在那里玩。（2019年9月18日）

辰其实内心很想和小朋友玩，但是一开始总是很害羞，他和大部分孩子不一样，他对陌生的环境、陌生的人都需要一段时间来适应。从最初的哭泣、慢慢的尝试，到开始融入；从扯着妈妈的衣服不肯进去、妈妈陪着一起上课，到妈妈在旁边看着上课；他逐渐能正常和小朋友一起上课了。

从辰的身上，我们可以清楚地发现儿童教育的路径：不管是就整个发展过程而言，还是就具体的教育情境而言，都需要一个逐渐唤起的过程，这一过程即孔子《论语》中"兴于诗"的兴，也叫"起兴"。这里的兴包含两个层面，即历时性的兴与当下性的兴。儿童的学习与成长需要慢慢来，我们需要给予儿童足够的耐心，并且设法鼓励、帮助他们，让他们基于自我天性的释放而一点点成长，这是指历时性的起兴；在具体的学习情境中也是如此，降低学习的难度，把学习转化成游戏，让孩子为游戏所吸引，由此把自我融入与同伴在一起的游戏情境之中，通过游戏来自然地起兴儿童的生命。这一过程一旦因为偶然的事故，或因为越过儿童的承受力而被破坏，儿童的游戏兴致中断，游戏便不复存在，此时此刻的学习就会成为儿童的压力。这意味着儿童学习应该更多地以游戏为主，进一步说，以身体游戏为主，让儿童身体整体地卷入其中，玩中学。伴随儿童发展，再一点点转向边玩边学，边学边玩，学中玩。"玩"之所以能成为孩子的"学"，是因为当孩子玩起来，就能把自我身体（身心整体）充分地打开，让自我与游戏情境连成一体。正因为如此，儿童教育的中心，就是如何通过适合儿童天性的游戏情境的创设来吸引儿童，让儿童渐渐地投入其中，不知不觉地沉浸其中，让自我身心向着周遭环境整体地打开，培养年幼个体向着周遭同伴与学习活动的兴致，形成自我与同伴、教师的真切关联。由此，伴随游戏的深化，成人世界对儿童潜移默化的引导就成为可能。换言之，儿童教育的要义就是如何以游戏的方式充分地"起兴"儿童身心，激活儿童生命整体，由此培育儿童向着他人与世界积极开放的生命状态。

初始的儿童原本就是一个孤立的、非反思性的自然肉身存在，儿童发展的起始性过程正是个体在爱的陪伴中，以游戏的方式逐步开启自我身体与行为方式，以审美节律孕育个体身心的内在秩序，以身体的方式整体地与世界相遇，逐步敞开个体文化浸润的可能性，一点点培育个体文化心理结构与文化生命，由此引导儿童个体一点点融身于世界之中。爱的陪伴给予年幼个体生命的温暖，激活个体向着世界打开自我身体的可能性，培育个体向着世界的爱，让个体超越孤立肉身的存在，一点点走向他人，获得自己的属人性，直白地说，获得自己的人性。"爱的意义就是让个体的成长过程，始终成为人与人的彼此关联的过程，即让个体始终成长在人与人之中，由此而在个体与他人爱的联系中，生动地唤起个体向着他人开放的生命姿态，让他人进入自我之中，让人与人的生命彼此关联，从而超越个体作为孤立个人肉身的成长。"① 这意味着爱在儿童美好生活建构的本体性意义，爱直接赋予个体自然存在属人性，通常所谓"爱不是万能的，但没有爱是万万不能的"，其间的蕴含就是，没有爱，或者说个体没有在爱中向着他人与世界打开自我生命，就没有自我人性的生长生成。个体成长早期爱的陪伴，其根本意义就是寄予个体成人初始阶段属人性的境遇，也即让个体一开始就成长在爱之中，活出初始的人性姿态。

儿童美好生活就其内容而言是当下儿童生命的充分激活与展现，优良的儿童生活情境意味着儿童个体之想象力、推理能力与动手能力的结合，换言之，儿童生命需要被整体地唤起，而非单纯的理智能力的历练——过早地陷入解题答题的单一思维活动之中，同样也非被动的体力活动之展开——机械的抄写以及其他无思考的体力活动。这意味着思考与行动的统一性对于儿童发展的重要性，杜威提出"做中学"无疑是切近儿童发展的重要教育信条。就当下儿童教育而言，我们着力强调自主行动的重要性，一方面给予孩子以充分的空间，另一方面又放手让他们自己置身情境之中去探究、尝试，由此在行动中思考，在思考中行动，让思与行紧密结合，避免耽于思虑，强化行动能力，在思与行的统一中切实地让个体感受到自我生命的充实，这实际上就是在凸显儿童真实而饱满的生命力量，由此开启儿童一种积极向上的生活姿态。

儿童美好生活一个重要的内涵是充分舒展个人感性生命，即让年少而极具活力的感性个体得到充分的舒展，在带出个体天赋理智能力的同时，也让理智能力的展开始终建立在充分舒展自我感性能力、获得真实的感性经验的基础上，由此而避免儿童理智世界的空乏。换言之，儿童教育的特点是从儿童身体存在出发，凸显天赋能力，而非强化理智世界中的抽象性与反思性，让儿童过早地耽于思虑，弱化儿童存在的儿童性本身。孔子曰："学而不思则罔，思而不学则殆。"用在早期儿童发展上，可以说"行而不思则罔，思而不行则殆"。对于儿童个体而言，机械的行动、了无趣味的观察，带来的只能是记忆的简单重复与儿童生命的迷茫；而一味地理智学习与思考，则同样

---

① 刘铁芳. 追寻生命的整全：个体成人的教育哲学阐释. 北京：高等教育出版社，2017：33.

可能带来儿童生命的厌倦与疲惫，儿童感受不到自我生命的生动活力与力量。这意味着理想的儿童生活与教育，其实就是在学与做、思与行、身体与智力展开的过程中，整体性地带出儿童鲜活的生命存在，将他们置于丰富且有变化的生动情境之中，充分激活他们的感性身体官能，同时也伴随着激活他们的想象、思考、判断力，由此而造就儿童蓬勃、健全的生命气象。

我们之所以要尽可能多地创造空间，让孩子在游戏中学，在做中学，而非刻意地学习，一个重要的原因就是充分发挥儿童的直觉，彰显儿童的天赋能力。如果说强化行动是避免儿童耽于思虑的消极路径，即以行动来替代儿童思虑过多，那么注重直觉能力的发挥，则是从积极路径来引导儿童不至于思虑过度。当前儿童哲学教育正在逐步得到重视，这当然是一件好事，但问题在于，儿童生命存在本身的特性是身体的、直觉的，而非反思的。这里有一个问题，就是如何看待儿童与哲学的关系。

> 辰早上醒来，先看一下晚上睡觉前摆在床头旁边的玩具车，然后就开始倒腾玩具。随后，辰一听到我的声音，马上就喊我去陪他玩。玩着什么时，突然之间又想起某一个相关的玩具车或玩具车部件，马上又到阳台几大箱子玩具里寻找。看见一个别的东西产生了兴趣，又有了新的想法，马上又开始玩起了别的游戏。整个一天，除了睡觉，基本上都是在不停地、翻来覆去地玩。晚上睡觉，也要带着玩具到床上，左右倒腾。到要睡的时候，很快就入睡了。（2020 年 2 月 13 日）

辰的生活就像一部在亲子陪伴中的现场自编自导自演的连续剧，从他身上，可以真切地理解幼儿思想与行动的一致，几乎没有丝毫观念的剩余。幼儿的思想完全融汇在行动的身体之中，自然与人保持着和谐与平衡。

儿童特别是早期儿童思考与行动有高度的一致性，思想之所及即行动之所及。儿童没有多余的观念，思考了即行动，行动中又边思考，以此保持自我身心的圆融，同时也让自我充分地活在当下，活出儿童生命的单纯与质朴。当然，儿童在成长过程中，逐渐地会萌发诸种对世界之好奇的疑问，由此而发生超越儿童行动能力之上的跳跃性思考。这种思考也超越儿童的生命自然，并在一定程度上带来儿童身体的紧张，打破儿童世界的圆融。儿童之所以能与哲学相关联，正是因为儿童生命本身的非特定化，在与世界直接相遇的过程中能超越成人的习惯，而以活跃的直觉，达到对世界的某种直接的认识。但这里需要我们审慎认识的是，切实地守住儿童哲学教育的边界，即尽可能地限定在儿童的范围之内，把儿童哲学看成是彰显儿童自身天赋能力与直觉感受力，所谓"浅尝辄止"在一定意义上正是对儿童教育的恰当描述，它对于儿童哲学教育同样是合适的。我们不能让儿童过早地陷于理智世界的思辨训练之中，从而使得儿童哲学教育偏离了儿童自身的生命特性。一个人一旦思虑太多，完全超越了行动的边界，这样的思想就会抑制身体自然，人为就会僭越自然，导致身体自然平衡的破坏。

> 不知怎么，晴问我：人是从哪里来的？我说是一点点长大的。又看着桃子湖旁的柳树问：树是从哪里来的？我说是从泥巴里长出来的。又问：泥巴是从哪里来的？我说是石头一点点变来的。又问：石头是从哪里来的？我说是地球一有就有的。又问：那地球是哪里来的？我只好说不知道了。（2012 年 2 月 22 日）

探问事物的本源，这确实是儿童哲学思考的萌芽，或者说就是儿童哲学思考的基本形式，但儿童的这种思考是从直觉出发，这种直觉的萌发直接彰显了儿童思维的敏感性与生命的活力。有一种观点认为儿童是天生的哲学家，儿童哲学教育的展开正是基于这一基本论断。儿童哲学教育的倡导者、被称为"儿童哲学之父"[①] 的李普曼提出，"认为儿童哲学教学能够启发哲学思维的人普遍确信，几乎所有儿童都既有兴趣，也有能力进行哲学思维活动"[②]。马修斯也说道："幼童（至少是大多数幼童）天生便具有哲学思维，这似乎令成年人感到惊异。"[③] 作为儿童哲学理论的两大关键人物，李普曼和马修斯都是把儿童哲学的展开建立在儿童的哲学天性上，但实际上儿童具有天生的哲学思考品质，只是为儿童哲学教育的展开提供了可能性，并不意味着儿童就一定要接受刻意的儿童哲学教育，也并不意味着儿童哲学教育的

---

① 张娅. "玩"作为儿童生活本真目的与儿童哲学之建构. 云南大学学报（社会科学版），2020 (1).
② LIPMAN M. Philosophy in the classroom. Temple University Press，2016.
③ 马修斯. 童年哲学. 北京：三联书店，2015：8.

必要性。换言之，儿童具有哲学天性并不足以成为儿童必须接受哲学教育的理由，从这一点出发我们实际上同样可以得出儿童不需要刻意的儿童哲学教育的结论：既然儿童是天生的哲学家，我们所需要做的不过是如何保护这种哲学天性，确切地说，是保护儿童哲学思考在天性即直觉的范围内，而非进行一套刻意的理智化的哲学说教。儿童固然具有某种哲学的兴趣，这种基于直觉与天性的兴趣一旦转化成抽象的理智学习，其可能的结果就是提升了思维能力，却丧失了宝贵的兴趣。换言之，儿童阶段的哲学教育是消极的、保护性的，或者说是以消极的为主，适当进行有意而审慎的引导。之所以我们要以消极教育为主，就是要保护儿童的天性。儿童哲学教育之所以需要特别审慎，是因为一旦儿童不断地往前思考，陷入没有结论的思考陷阱，就会使此类问题长久地萦绕在儿童的世界之中，这种萦绕从理想状态而言刻意激发孩子不同寻常的好奇心与探究能力，但同时也可能导致儿童耽于思虑，影响儿童身心健康，也意味着我们需要转换思维，让儿童能及时回复常态。

日常儿童哲学教育的另一种形式是对于生活中善恶事物的分辨。引导儿童以适宜的方式就他们能感知的事关道德善恶的问题进行分析讨论，一方面可以提高他们对道德事物的思考能力，另一方面可以激活他们善恶分明的情感态度。日常道德生活具有复杂性，经常会有善恶相混的情形，要让儿童分辨清楚不是一件容易的事情。这同样意味着儿童哲学教育的度，即我们需要在激励儿童思考的同时，又保持儿童对生活世界复杂性的敬畏，为儿童质朴的生命感知留有余地。在这个意义上，善恶事物的辩论与其说是培养儿童的道德思辨能力，毋宁说是激励儿童对道德事物的深度感知，培育儿童生命中良善的人性种子，激励他们善恶分明的热情。

一般情况下，我们需要适当地延迟儿童有意的哲学思考，等到儿童身心发展达到较高的水平再展开深度的思考。比儿童哲学教育更重要、更为基本的是儿童审美教育，甚至可以说，早期儿童哲学教育同样需要包容在审美教育之中，以审美教育的形式来呈现。换言之，如果说儿童世界的圆融终将打破，能尽量迟缓一点，无疑是对儿童质朴与自然之天性的保护。如果说哲学教育是思及永恒与无限，换言之，哲学教育的核心问题是面对永恒与无限，那么儿童教育就其哲学相关性而言，是体验永恒与无限，即从身体直觉出发，感受世界的神秘以及人与自然的浑然一体和内在契合度，而非思及永恒与无限。这意味着儿童就其实质而言并非是哲学的。儿童重在感受世界，儿童更是或应是诗人，而非哲人；或者说，与其说儿童是哲学的，毋宁说儿童是诗性的，儿童不过是以诗性的直觉方式表达对世界的率真，而并非基于对既有经验的反思。过于强化儿童的哲学特质，难免在强化儿童思虑的过程中弱化儿童的感受力。换言之，儿童教育的实质是突显儿童的身体体验而适当弱化儿童的理智思考，至少是要保持身体体验对理智思考的优先性。

哲学教育的基本方式是审辨性思维，谈到审辩式思维，苏格拉底常被人提及。问题在于，苏格拉底的审辩式思维主要是面对成年人而非儿童。"苏格拉底的反讽式对话主要是面向城邦现实精英，即成年人而展开，这种对话是直接针对对话者本人的日常生活经验，经由苏格拉底的反讽，唤起个体对日常生活经验的反思，确切地说是否定性思考，由此而在个体自身的自我否定中达成自我超越的可能性。"① 苏格拉底审辨式思维表面上是针对城邦他者，但最终却是指向自我，即以否定自我既有经验的方式来认识自己的无知状态。这意味着苏格拉底审辨式思维是建立在必要的既有经验之上。儿童恰恰缺少成见，故并不适合审辨式思维之教育。一旦过于强调审辨式思维，而恰恰又无法在年少阶段培养儿童的审慎明辨，这样的结果就很可能培养儿童的诡辩意识，亦如当年雅典的智术师教育。

教育基于爱，哲学教育需要爱来平衡。儿童一方面需要爱的生活经验作为基础，引出哲学思考，另一方面，哲学教育中也需要以爱的交往为基础，以避免哲学教育的过度理智化，失去了活生生的爱智慧的特性，而变成冷冰冰的理智游戏。单纯强调儿童哲学教育中理智能力的发展会在强化儿童的独立性的同时，让儿童与周遭世界分离，正是富于爱心的交往让个体重新回返周遭世界，融入人事之中，走向儿童与世界的融合。儿童哲学教育中爱的缺失，或者说儿童哲学教育一旦缺失了爱的基础，其结果很可能是个体成长中的生命撕裂，即变得尖刻，用《礼记》中的话说就是"易之失，贼"。换言之，不当的哲学教育很容易让人偏执、狡诈，通俗的说法就是不厚道，我们

---

① 刘铁芳．对话的古今之变与教育性对话的意蕴．高等教育研究，2019（7）.

需要的是"絜静精微而不贼"，即宁静、圣洁而平和。我们在强调儿童哲学教育的审慎之时，还可以补充一点，即以发达的儿童体育来裨补儿童哲学教育可能带来的生命问题，当我们有意强化对儿童的思维训练时，体育可以强化身体直觉能力，平衡儿童因为思虑过多而可能带来的生命的虚弱。总结起来，儿童哲学教育的展开，一是注意儿童哲学教育情景设计本身的审慎，二是需要以爱的交往为基础，三是需要强化儿童体育的补充作用。

保持对世界一种质朴而天真的感受力，而又不耽于思虑，由此而保持儿童自我生命的整体性与完整性，避免理智思维的过早开启而弱化了这种整体性与完整性，这是保持儿童成长中自然与人为之平衡的重要内涵。儿童生命成长具有本源性的复杂性和神秘性，这种复杂性和神秘性让我们保持对儿童生命世界的敬畏，同时尽可能地以审美为中心，整体性地激励儿童乐观、圆融的生命感受，并在这种感受中获得儿童生命的完满感与幸福感。换言之，儿童教育的根本特质是从身体直觉出发的、整体性的教育，其基本路径是审美性与情感性的，其基本的目标则是在儿童对美善事物的切身体验中获得幸福与乐观的生命感受。正如怀特海所言："从本质上说，教育必须是对大脑中已经存在的纷繁复杂的骚动进行有序整理的过程，你不能去对一个空白大脑进行教育。"[①] 早期儿童教育其核心就是尽可能地敞开个体身心去经历、去丰富儿童大脑，增进个体对周遭世界的体验，为其后秩序化的教育奠定基础。儿童教育中当然可以包含哲学的、伦理的、逻辑的、批判性思维的教育，但这些都不是儿童教育的中心，既不必要也不可能成为儿童教育的中心，而应将其尽可能地渗透到综合性的、审美性的、模糊性的儿童教育情境之中。

典型的儿童早期生活与教育情境，是在亲近他人陪伴之中展开的，从儿童身体存在出发的、趋于整体性的活动，包括以积木等为载体的儿童游戏、以优秀绘本为载体的儿童阅读、以广阔自然为载体的儿童活动。以积木等为载体的儿童游戏逐渐激活儿童自主行动能力，开启儿童自主创造的生命空间；以优秀绘本为载体的儿童阅读逐渐敞开儿童进入日常生活之上的文化世

---

① 怀特海. 教育的目的. 上海：文汇出版社，2015：28.

界的可能性，打开儿童自主陶冶的精神世界；以广阔自然为载体的儿童活动逐渐打开儿童对自然世界的想象与认知，感受自然世界的奇妙、繁复与无限的生机活力，唤起个体融入更宽广世界的生命热情。就目前而言，特别值得重视的是，如何在人与人的亲近交往和对话性联系中，以自然来切实地拓展儿童生活空间，让儿童在与自然相遇的过程中体验自我生命和自然世界的内在契合，从而在一个不断技术化的祛魅世界中获得自我生命的神秘体验。这里值得一提的是，早期儿童成长阶段人与人之间的交往对话，并不是以理智能力发展为根本目标的，而是重在建立联系，激励个体整体而温暖地融入世界之中。

四、家庭在儿童早期发展中的根本意义

当我们回到儿童早期发展与教育的可能性，其实就是回到个体成长与教育的开端。开端总是以某种隐在的方式，作为个体打开自我生命的初始结构而进入个体成长的历程之中，成为一个人不断学习与发展的当下起点。个体发展内在秩序的展开，其基础正是爱的陪伴，爱的陪伴激活个体生命力量，带出个体置身游戏情境、审美情境的积极存在状态，进而在此过程中获得自我生命力的彰显，进而在一种审美化节奏之中逐步找到显现自我生命力量的和谐与秩序感，由此逐步敞开个体进入文化世界的生命通道。如果说个体发挥自身天赋能力、逐步打开文化世界的生命通道是启迪个体智慧之门，那么，亲近他人之爱的陪伴带出个体自身作为爱的存在，即带出个体的属人性。爱的生长与智慧的萌芽，构成个体生命成长的两大基本路径；两者的结合，孕育作为智慧之爱者的初始性存在。教育如何引导儿童美好生活的可能性？概而言之，就是以爱的温暖赋予混沌的个体人性之亮光，在爱的陪伴中引导儿童自我生命的显现，进而把这一力量以游戏与审美的方式逐步引向和谐与秩序，一点点敞开个体进入优雅文化世界的可能性路径。爱的根源在于家，这意味着家庭在儿童发展，尤其在儿童早期发展中具有根本意义。

儿童生活是以成人的参与，即以成人生活为依托与背景而展开，同时又迥然不同于成人生活的生活形式。真正的儿童生活是儿童与成人共同建构的

生活，是成人参与其中，促成儿童从自我天赋本能出发，以某种积极的方式展现自我生命潜能的生活形式。儿童是在与成人世界的有机联系之中显现为儿童。缺少父母作为亲近之他者的融入，儿童生活实际上就不可能充分地展开，甚至可以说，父母在儿童发展中缺席的孩子就难以拥有真正的童年。这里一个关键的问题是如何理解儿童。儿童不是一个静态的实体，而是一种不断创生着的可能性，或者说是一种包容着可能性的自然存在。儿童只有当其显现为儿童，才作为真实的儿童而存在着，否则就只是作为形式的儿童，即肉身形式的儿童而活着。任何事物都需要在自身关联情境中整体地显现自身。一个人总是在其适切的关联情境中充分地显现为人，一个人的生活、创造与人性显现的高低依托于个体之为人的关联情境，离开了这一适切性的关联情境，个体人性便只能作为潜在可能性。儿童同样需要在关联情境中显现自身作为儿童的存在，即显现儿童发展的内在可能性。今天，守护童心的主题不断被提出，这当然很重要，但关键的问题在于，童心绝非一个静态的客体化守护对象，也非抽象与孤立的存在，而是作为一种实践着的生命品质，孕育、生成并显现于关联情境中，更准确地说，显现于爱的关联情境之中。换言之，正是儿童与周遭他人特别是父母亲之爱的联结以及由此而延展开来的儿童与周遭世界的富于爱心的联系，成为儿童充分地显现自身作为儿童之生命存在特质的基础经验。

真正的儿童生活是建构性的，而非单纯自然性的展开，是儿童与以父母为中心的亲近他人共同建构起来的。离开了亲近他人、离开了这种基础与背景，儿童生活就不是真正的儿童生活。离开了作为基础与背景的成人世界的儿童生活，不过是以本能方式呈现出来的儿童生活，并非真正的儿童生活。简言之，缺少了成人视域的融入，儿童的生活形式实际上就退回到作为动物之本能的水平。这意味着爱的陪伴在个体成长初始阶段的不可或缺性。游戏作为儿童生活的典型样式，正是儿童在父母参与中自我生命涌现的方式。儿童在游戏中的存在不仅仅是一种现实性，而是同时作为一种可能性而存在。儿童正是在与周遭亲近他人交往的过程中切实地敞开自我存在的可能性，儿童总是在与成人的关联情境中显现自身独特的儿童生命气质。这里特别值得思考的是，我们应该如何看待儿童玩具。玩具是在游戏情境中显现自身作为玩具的意义，换言之，玩具不仅仅是静态的物，玩具只有在游戏中才以玩具的方式活在儿童的世界之中。正因为如此，儿童真正需要的其实并不是玩具本身，而是依托玩具的游戏，这意味着陪伴孩子进入游戏情境的不可或缺的重要性。这里涉及一个根本性的问题，即当我们谈论儿童的时候，儿童是作为一个社会性概念还是一个自然性概念。儿童并非孤立而静态的自明性存在，儿童之为儿童的特质生成并敞开于关系之中，具有他者建构性。作为理想形态的儿童性并不是孤立的，而恰恰是在人与人之爱的关联中得以生成与展开。真正的教育是一种引出，是成人之爱的陪伴带出儿童之为儿童的理想存在，也即带出真实的儿童性。我们一方面需要充分地尊重、理解儿童，同时又要避免一种简单的儿童崇拜，这种崇拜容易把儿童性视为一种静态之物，从而忽视了儿童性生成于人与人之生动的交往联系之中。

　　很显然，作为自然人的儿童只是进入当下游戏情境、使得自我展现成为可能的前提与基础，是一种初始性的状态，而儿童在游戏情境中显现自身的过程总是展开于某种社会性的关联情境之中。儿童作为可能性而显现自身时，这种可能性总是社会性的，即努力从自然性存在中超拔出来，伴随着个体自主性的萌发，而让自己的活动过程更有意义。这意味着儿童作为可能性，就其存在实质而言并不是自然性的，而是社会与文化性的，或者说是自然性质向着社会性质的超越。当卢梭试图反抗为时尚与潮流所裹挟的、以科学和艺术的勃兴为支撑的上流社会生活之腐化，从而试图以自然生活而重建个体人性、彰显现代人的沛然生气之时，他无疑发现了儿童。但在卢梭的视域中，儿童的成长是线性的，是剥离了儿童发展的现实性的，孤零零、抽象的儿童发展："出自造物主之手的东西，都是好的，而一到了人的手里，就全都变坏了。"① 卢梭所要展现的是理想世界中的自然教育，即在观念世界中造就自然教育的"理想国"，试图以个体为自然人的完善为基础，再辅之以个体为社会人的发展，进而成就健全的公民。当卢梭试图建构自然教育的理想国时，他也把个体人性发展需要的基于现实的人与人之间生动交往的爱之联系剥离出来。在这个意义上，卢梭发现了儿童，却并没有真正发现儿童

---

① 卢梭. 爱弥儿. 北京：商务印书馆，2001：5.

生活，确切地说，并没有发现儿童置于以家庭为基础的现实社会生活空间而真实地展开的生活。

无疑，家庭亲子交往是个体成长的原型经历，是个体发展的原型体验，这意味着家庭的基础性与根基性。父母爱的陪伴对于个体发展绝非可有可无，基于父母以及其他亲近他人的陪伴而展开的儿童游戏，就是儿童发展与儿童生活本身。父母参与儿童的成长，理解儿童、发现儿童，并且有意识地引导儿童发展的方向，潜移默化地促成代际之间生命的温暖联结，这一过程不仅促成了儿童的积极成长，同时也让父母学会如何成为真正的父母，成为有责任的成人，即切实地担当起养育年轻一代生命成长的内在责任。"儿童作为父母自我成长中的他者，带来的是父母如何做人的全面历练，包括生存技能的丰富、个体德行的生长与人生目标和价值的甄辨等。换言之，孩子的到来对年轻父母而言可谓是多方面的、持续的精神历练。可以说，父母陪伴儿童成长的过程同样是儿童引领父母做好父母，并在学做父母中自我趋于成熟的过程。"① 这意味着儿童与成人的共生性，我们跟儿童在一起的方式不仅形塑着儿童的未来，也创生着健全成人之自我本身。

亲子游戏作为儿童生活典型情境并延伸到幼儿园、学校生活情境，可以发现其间的相似性，或者说其实质是相同的，都是基于儿童发展的内在可能性而引导儿童生命成长，带出儿童在不同发展阶段的美好生活，所不同的是实践的具体形式。家庭空间转换成了幼儿园、学校空间，父亲的在场转换成了教师的在场，积木转换成了相应的教学内容即书本教材，并无规定性，而更多的是儿童在其中自由创造意义的游戏空间变成了一种具有规定性的、制度化的幼儿园、学校生活场域，相同的或者说相通的是儿童的生活，即其目的都是更好地、充分地打开儿童生活，或引导儿童生活的建构，让儿童在不同阶段、不同场域有效而充分地打开自我、获得自我生命的充实。

对于学校教育而言，关键问题就在于如何充分地引导儿童生活的敞开，即建构属于儿童的美好校园生活，或者说美好教育生活。构成美好教育生活的基础性要素正是爱的激励。教师确当的爱与关怀，或者说爱与正义，构成

---

① 刘铁芳. 追寻生命的整全：个体成人的教育哲学阐释. 北京：高等教育出版社，2017：374.

对作为学生的儿童的信任与激励，这是美好教育生活的基础；教学情境中给儿童提供充分的拓展想象与思维的空间与可能性，为儿童想象与思维的发展提供基础，这是儿童美好教育生活的重要条件；充分彰显儿童发展的自主性，引导儿童在教育情境中自我生命的充分激活，促成儿童自我生命的充分展现，这是儿童美好教育生活的核心与关键。归结起来，最重要的是在此时此刻带出儿童生命的整体性存在，即在富于爱心的交往背景中，充分地激活个体当下的感知、思维、记忆、想象，并在激活当下思维空间的同时，充分激活过去的经验，从而让过去的生命融入当下的存在，由此而整体性地敞亮当下生命，形成个体生命积极向前发展的生动态势。

第五章
安全感： 儿童成长的起点与儿童教育的中心

安全感是个体在世的基础性状态，安全感关涉个体成长的基础性质素。充分的安全感实现在人与人之间的爱的联系中。亲子之爱对个体早期安全感的满足有着不可或缺的基础性意义，父母亲的陪伴、关爱与理解是个体获得安全感的基本质素。安全感作为当下教育活动的起点与基础，直接地促成个体在教育情境中的投入，友爱与正义的结合构成学校教育之个体安全感的基础质素。伴随个体发展，安全感的获得逐渐变成一种主动的生命成长，个体对安全感的获得与满足逐步转向一种努力寻求生命自我突破、以期更高境界的生命实践。安全感的实现最终走向人的自我教化。

一、安全感作为个体发展的基础与目标：安全感的内涵与意义

> 辰一点点长大了。昨晚 11 点多辰妈给他喂奶时，辰不知怎么一下子笑出声来，这是辰第一次笑出声。
>
> 晚上 11 点吃过奶后，辰一直不睡，不时地睁开眼睛看一看。外公外婆陪着，也不能睡着。房间要一直开着灯，灯一关，辰就会哭，他应该是怕黑，需要寻求安全感。（2015 年 8 月 29 日）

这是辰生下来第 9 天的故事。婴儿从母亲子宫中降生于世，首先遭遇的就是安全感的匮乏，寻求安全感成为初生个体除了吸吮母乳之外最重要的本能。"假如幼儿突然受到干扰，或者跌倒，或者受到高声喧闹、闪电或者其他异常的感官刺激的惊吓，或者受到粗鲁的对待，或者在母亲怀中失去支持，或者感到供氧不足，等等，他们会全力以赴地做出反应，仿佛遭遇了危险。"[①] 各种惊吓、干扰带来的不安全感直接导致个体本能上的自我保护与由此而来的个体身心的紧张与抑制。因此，寻求庇护，以获得安全感，就成了婴幼儿成长的基本内涵。事物的开端总是包含着事物发展最重要而基础性的质素，安全感如同基本生理需求一样构成个体发展的基础性质素。人活在世界之中，首先是寻求自我保存，安全感成为个体在世的基础性状态。个体

---

① 马斯洛.动机与人格.北京：华夏出版社，1987：45.

从寻求安全感出发，逐步建立与世界的爱和理智的联系，开启个体精神世界。如果说吸吮是人的物质生活起点，安全感可谓人之精神生活起点。换言之，个体精神发展从安全感的寻求与满足开始。

如果说个体降生于世的安全感诉求方式是本能的、被动的，那么，伴随个体意识发生，个体也开始主动地寻求自我存在安全感，其初始的路径就是寻求依赖。"随着孩子的成长，完备的知识、对周围环境的熟悉以及运动神经的发展，使这些危险变得越来越不可怕，并且越来越容易控制。教育的一个最重要的目的就是通过知识来使危险的事物化险为夷。"① 伴随个体教育程度的提升与知识的增长，个体独立能力提升，会促成部分危险的事物化险为夷，但与此同时，个体也将意识到其他原来意识不到的社会性的危险事物。这意味着寻求安全感是个体存在的基础性状态，或者说安全感在个体发展的不同阶段有不同的表现形式，但安全感的满足始终是个体发展过程中的基础性状态。"我们社会中的普通儿童以及成年人一般更喜欢一个安全、可以预料、有组织、有秩序、有法律的世界。这个世界是他所可以依赖的。在这个世界中，出人意料、无法应付、混乱不堪的事情或者其他有危险的事情是不会发生的；而且在这个世界里，无论遇到了什么情况也会有强大的父母或者保护人使他免遭受难。"②

个体安全感发展大致经历从基于本能防御的自我保护、在寻求依赖中获得自我安全感，到逐步提升自我力量以达到自立中的自我安全感获得，再到个体在道德与文化陶冶中逐步融入他人和世界，由此而获得更高层次的安全感。如果说早期的安全感是本能的、身体性的，比如，突然的惊扰、闪电等带来的孩子对安全的需要（这种需要直接地表现为个人身体的紧张），那么成长过程中逐渐意识到并获致的安全感则更多是社会性的、心理性的，比如免于恐吓、歧视、威胁、孤立的需要。到个体成熟阶段，则会不时地遭遇精神层面的安全感问题，涉及生命与无限、生老病死、偶然性、命运等问题。与此同时，基于本能的安全感诉求同样存在，只不过伴随个人自主能力的逐

---

① 马斯洛. 动机与人格. 北京：华夏出版社，1987：45 注释.
② 同①46 - 47.

步提升，这种安全感在日常生活中渐渐隐匿而不甚明显，但依然会在必要的时候显现出来。成年个体完整的安全感一般表现在三个基本层面：首先是个体面对物理世界所表现出来的安定、自如的身体姿态；其次是个体面对社会世界所表现出来的从容、有序的心理状态；在更高层面，安全感还体现为个体在面对精神世界时所表现出来的宁静、和谐的人格精神样态。

安全感是置身一定情境中的个体对自身安全、稳定状态的感受与判断，是个体置身一定情境中对自我存在的安全、稳定、信赖，免于恐吓、危险、混乱的感知与期待。安全感是一个人融入周遭环境之中，走向他人与社会的基本态度，它所涉及的，不仅仅是个体周遭是否安全的客观需要，更是一种个体置身世界之中的基础性的身心状态。个体成长的过程就是不断地走向他人他物的过程，安全感的获得意味着个体免于身心的紧张，由此而呈现为个体向周遭人和事物的开放性。一个人有了安全感，安全感就不会作为问题而显现在个体意识之中，个体就可以倾心于其所从事的活动；一个人一旦缺少安全感，安全感就会不时地作为问题而悬置在个体意识之中，形成个体生命世界之中的某种压迫性力量。具有安全感的个体由于能更充分地保持自我向着周遭人和事物的开放性，因而能理解和接纳他人，发现他人的长处，也更容易与人相处，由此而形成自信、乐观、宽容、热情、友善、关爱他人与社会、乐于合作的情感态度；而长期缺乏安全感的人，难免自我身心时刻为安全的问题所困扰，使得身心处于紧张状态，难以向周遭人和事物充分地开放，不足以从内心去接纳他人，对他人容易抱不信任、仇视、敌对、妒忌等情绪，缺乏与周遭人和事物的积极交流，由此导致个体自卑、消极、封闭、孤僻、不能充分地接纳自我的情感态度。由此，安全感可谓关涉个体成长的基础性质素。

安全感是个体进入他人与世界的基础，反过来，个体更深地进入他人与世界的交往之中，也会增进个体存在的安全感。个体走向他人与世界的过程，是个体逐步融入他人，形成与他人的共契，由此而形成个体与他人的亲近、熟悉的联系的过程。个体在此过程中获得安全感，由此而更充分地践行、扩展人与人的联系。每个人不仅意识到他人对自我安全感满足的意义，同时意识到自我对他人之安全感满足的意义，由此而努力使自身成为他人安全感的一部分。这意味着安全感的发展关涉教育的基本目标，即教育需要培养个体增进自我存在的安全感，包括个人能力、知识与智慧的增长以及人格的自信等，同时努力成为他人安全感的一部分，即形成个体朝向他人的热情、友爱、宽容、大度、信任的人格品质。

安全感的实现跟爱与归属感、自尊与人的自我实现实际上都息息相关，就是说安全感的实现包容在个体之爱与归属感、自尊与人的自我实现的不断获致的过程之中。换言之，安全感既是一个人不断地寻求爱与归属感、自尊和人的自我实现的内在心理基础，反过来，个体之爱与归属感、自尊与人的自我实现的不断获致可以看作是个人之安全感的实现方式，并显现为个体身心之充实、和谐与富足①。安全感实现的问题究其根本，是人与人的关系问题。个体成长离不开他人，个体成长的过程就是活在他人之中的过程。这意味着增进人与人之间的爱的联系，增进人与人之间的认同和彼此的归属感，是增进个体安全感的根本出路。

二、早期安全感对个体发展的基础性意义：亲子之爱与个体早期安全感的形成

如果说个体带着本能的不安全感呱呱坠地，那么正是亲子之爱让婴儿感受同周遭事物的联系，逐步获得自己的安全与稳定的身体感受。"在幼儿发展的最初阶段，有益于教育气氛的基本形式，就是他们处在住宅和家庭等受保护的环境中的安全感。幼儿需要在熟悉的和可信赖的天地中安全地活动，这是一种天性。这种安全感对于儿童正常地发展是必需的。如果人们仔细观察就会发现，幼儿的这种安全感只有在与某些被他们所爱的人（通常是母亲）的亲密关系中才能形成。"② 亲子之爱的意义就是逐步建立个体与其最

---

① 人们寻求爱与归属感、自尊与人的自我实现，可以看作寻求更高层面的安全感。这意味着安全感的获致、爱与归属感、自尊以及人的自我实现，不仅具有马斯洛所言的递进关系，同时也是相互渗透、包容的关系。马斯洛的需要层次理论，同时也看到了"动机的发展是交叠的，即一种需要只要得到某种程度的满足而不是100％的满足就可能产生新的高一层的需要"。但在他这里，"高层需要与低层需要存在着性质差异"（彭运石. 走向生命的巅峰：马斯洛的人本心理学. 武汉：湖北教育出版社，1999：116）。与其说安全感与其他需要之间存在着性质差异，毋宁说是安全感的不同层次本身存在性质差异。

② 博尔诺夫. 教育人类学. 上海：华东师范大学出版社，1999：42.

初遭遇的世界的联系，并在这种温暖的联系中逐渐缓和个体的紧张和不适，使他们从不安全感中解放出来，逐步快乐自如地生活。

亲子之爱的呵护与安全感的满足，使得个体超越自我保护意识而身心自由地融入他人与周遭事物之中，由此而孕育个体向着周遭人和事物开放的、积极乐观的身心姿态。正如马斯洛所言，寻求安全，"这个压倒一切的目标不仅对于他目前的世界观和人生观，而且对于他未来的人生观都是强有力的决定因素"①。从出生开始，个体年少阶段充分的安全感的获致无疑对于培养一个人积极的人生观与世界观至关重要，正如柏拉图所言："凡事开头最重要，特别是生物，在幼小柔嫩的阶段，最容易接受陶冶，你要把它塑造成什么型式，就能塑造成什么型式。"② 那种有着充分安全感体验的孩子因为始终保持着与周遭世界的开放、亲近的联系而变得自信、从容、乐观、积极，更具轻松、活力的生命姿态。显然，享有充分安全感的个体更容易养成独立、开放、乐观、温和的民主个性，更容易信任他人，与人沟通、合作，幸福感也更强。

相反，年少阶段安全感的匮乏，难免导致个体的紧张与不安、谨小慎微、自我封闭、怯懦等不良情绪情感状态。"家庭内部的争吵、动手殴打、分居、离婚或死亡往往是特别可怕的。同样，父母对孩子大发脾气，吓唬说要惩罚他，对他进行谩骂，粗声粗气地对他讲话，粗暴地对待他，或者对他实行体罚，这一切有时竟会使孩子惊慌失措，惶恐万分；因此，我们可以假设，这里面所包含的绝不仅仅是皮肉之苦。的确，在某些孩子身上，这种恐惧同时也是害怕失去父爱或者母爱的表现；然而，它也可以发生在被完全抛弃的孩子身上，这样的孩子依附于仇视他们的父母似乎不是出于对爱的希望，而纯粹是为了求得安全和保护。"③ 个体在一种安全感匮乏的情境中生活，使得个体寻求安全和保护成为生活的主导目标，由此而弱化了个体生存

---

① 马斯洛. 动机与人格. 北京：华夏出版社，1987：44.
② 柏拉图. 理想国. 北京：商务印书馆，1996：71. 亚里士多德从习惯养成的视角也提出过类似的观点："一定要重视现实活动的性质，品质正是以现实活动而区别。从小就养成这样或那样的习惯不是件小事情，相反，非常重要，比一切都重要。"（亚里士多德. 尼各马科伦理学//亚里士多德. 亚里士多德全集：第8卷. 北京：中国人民大学出版社，1994：28）
③ 同①46.

的多样性体验，使得个体无法充分地向着周遭世界开放，逐渐形成个体抑制性的身心姿态。正因为如此，安全感匮乏的个体容易在补偿性的心态中产生暴虐、怯弱、飞扬跋扈的个性，甚至以对比自己更弱小者的暴虐来证明自己的力量，获得自我存在的安全感，或者在寻求更强者保护的过程中形成依赖他人、怯弱、害怕竞争等性格特征，两种情况都让人远离民主个性[①]。一个人自幼安全感的匮乏难免会形成谨小慎微的个性，即使成年后并不缺客观性的安全，但长期安全感不足带来的内心恐惧依然难以祛除[②]。

显然，个体成长初期家庭教育的重心就是以富于温情的爱与陪伴，形成个体与周遭世界的温暖而亲近的联系，让个体获得初生于世的充分的安全感，由此而形成个体积极乐观的情绪情感体验，同时奠定个体民主个性的雏形。年少阶段亲子之间爱的陪伴绝非可有可无，而是在回应个体成长初期安全感需求的同时，孕育个体积极乐观、活泼向上的基础性生命品质。父母亲在个体成长初期，尤其是婴幼儿阶段的缺席，实际上会不可避免地给孩子的成长带来安全感的匮乏。这里特别值得一提的是母乳喂养的多维意义，换言之，母乳喂养不仅意味着给予婴儿最合适的营养，同时意味着婴儿在重返母亲怀抱的过程中获得爱的浸润与生命的安全感。与此同时，和谐而温暖的家庭关系，也是儿童成长过程中安全感的重要由来。长期的争吵、家庭成员之间的冷漠，带给儿童的不仅仅是当下幸福体验的弱化，更是成长过程中安全感的缺失。

个体成长的过程是一个逐步走出家庭的呵护、走向他人与社会的过程，个体的社会适应本身是一个过程，个体走出家庭难免有着更多安全需求，父母对孩子的理解、支持、信任、激励无疑是增进个体安全感的重要因素，家庭在个体成长的过程中始终起着给予个体安全感与信心的支撑作用。弗洛姆

---

① 马斯洛曾提出，一些患有精神疾病的成年人，常感到自己会大难临头，"他的安全需要往往有着独特的表达方式，他往往会寻求一位保护人：一位可以依赖的更强大的人，或者是一位搞独裁的'元首'。"从社会立场上来说，一个缺乏安全感的社会，其民众容易成为暴民，或者形成强权政府下的顺民，即通过强者而寻求自我安全的依赖。

② 马斯洛无疑看到了安全需要在个体发展过程中的基础性意义，但他的侧重点在成年人，既没有区分客观的安全和主观的安全，即安全感，也没有充分关注儿童和青少年的安全感的获致对个体成长的意义。

认为，在人的成长过程中，个体由于逐步切断了与母体、他人的联系而趋于独立，因而缺乏先前的安全感，难免产生孤独，进而导致个人放弃其独立自由的倾向，而希望与自己不相干的某人或某事结合起来，以便获得他所缺乏的力量，这种倾向就是逃避自由①。这意味着在个体发展过程中家庭对孩子的关注、理解与陪伴的重要性。家庭给予孩子的安全感支撑孩子走向自我成长中切实的自主与独立。在个体成长过程中，特别是青春期叛逆阶段，个体渴望越来越多地走出父母的庇护有其必要性与合理性，父母需要充分理解孩子的叛逆性，同时又给予他们足够的安全感支持，以缓解他们成长过程中的孤独与不安。

　　无疑，家庭在个体安全感的获得中有着不可替代的意义，从纵向发展而言，亲子交往与家庭生活奠定了个体人生安全感的基础，个体早期家庭生活中安全感的充分获致，直接促成一个人自信、乐观等正面人格品质的形成；从横向发展而言，个体在家庭生活中获得足够的安全感，直接影响个体置身社会交往情境中的安全感，奠定个体走向他人与社会的自信、从容、大度。如果说安全感的满足对于个体发展而言具有基础性意义，那么家庭在个体安全感的满足方面同样具有基础性意义。

三、学校教育与个体安全感的获得：安全感作为教育活动的起点与基础

　　个体接受学校教育的过程，无疑是个体安全感得到充分提升的过程，但优良的学校教育本身就以学生安全感的充分获致为基础条件。安全感是从身体出发的个人与周遭环境联系的直接反应，寻求安全感是基于个人身体的基础性状态，充分的安全感意味着个体可以从安全感的需要中超越出来，全身心地进入教育情境之中。个体在当下教育情境中的和谐发展，正是基于充分的安全感，由此而激励个体全身心地进入当下的教育情境之中，换言之，任何优良的教育情境，其基础正是恐惧、无助等不良情绪的消除与个体安全感

---

① 弗洛姆. 逃避自由. 北京：工人出版社，1987：译序 2.

的充分获致，从而使得个体身心自由，充分地置身教育情境之中，进一步致力于更高事物的追求。安全感作为当下教育活动的起点，直接地促成个体在教育情境中的投入。

从安全感获得的外在条件而言，爱与自由是初始性、基础性的条件；延展性、外在性的条件是社会正义与和谐秩序，其以尽可能充分的安全感，使个体自由而充分地生活、追求并创造各自的幸福人生。从儿童发展共时性的视角而言，个体充分安全感的获致，需要家庭对儿童的充分关爱，即一种基于切实陪伴的爱，以切近地缓解儿童日常生活中可能遭遇的恐惧、孤独、无助，家庭生活中儿童安全感的满足对于个体发展具有奠基性意义；学校营造充分的友爱与交往的空间，学校生活中的相互关爱、彼此信任、积极沟通、活泼向上所营造出来的安全场域，直接影响着个体在学校教育中的成长质量；整个社会关爱儿童、尊重儿童，从法律与道德责任上切实维护儿童安全感，是促成个体健全发展的重要条件。

学校是家庭与社会之间的中介，学校一端连接着家庭，另一端连接着广阔的社会，所以学校存在的基础形态是给予个体家庭感，同时又超越家庭感而体现公共生活立场，即正义原则。这意味着学校教育一方面需要尽可能多地给予个体爱与自由的体验；另一方面又要开启个体的公共视野，让个体逐步体验、理解秩序与正义。前者意味着教育爱，尤其是友爱的重要性；后者意味着教育正义，即学校教育中的公正与合理秩序的重要性。"缺少了友爱之情，公共生活无疑是匮乏的；但缺少了理智的清明，则公共生活是灰暗而没有方向的。"① 正因为如此，阿伦特刻意区分兄弟之情与朋友之情，她期待公共交往是基于朋友之情，而非兄弟之情，因为兄弟之情容易磨灭人的清明理智，让人失去独立性。② 这意味着学校生活之安全感的营造，不仅仅需要一种家庭式的温暖，同时也体现为指向教育正义的理性秩序的合理建构。友爱与正义的结合，构成促进学校教育之个体安全感的基础质素。

校园作为一个与外部世界相通又相对独立的"园"，本身就是对学生身

---

① 刘铁芳．公共生活与公民教育：学校公民教育的哲学探究．北京：教育科学出版社，2003：176.

② 阿伦特．黑暗时代的人们．南京：江苏教育出版社，2006：12.

心的保护，校园之所以需要静谧、和谐，一个重要原因就是增加学生的安全感，避免他们过多地曝光在他者视野之中。"好的学校与家庭具有同样的特点，如某种亲密和安全感。学校在亲密家庭和社区之间，以及有些冒险的外面世界之间提供了一种中间的、过渡性的阶段。在一个使人感受到安全的教育环境中，学生学得最好，愿意冒险。学校应当有足够的安全感（像家庭一样），使人可以感受到问题并解决问题，并能容忍质疑、争议和不同意见。……儿童的生活就是与困难生活在一起。活着就会有困难。事实上，所有的成年人都在努力地做到对孩子的问题和困难保持着敏感性。"[1] 爱与安全感的获致，就是让孩子意识到总是有人在关心他们[2]、关注他们、包容他们，从而鼓励他们在学校生活中自由探究、自主发展，让他们在面对问题、解决问题的过程中，切实地获得并感受到自我心智与人格精神的成长，让他们在学校所提供的支持与帮助中一点点走向独立，走向自我成长。与此同时，优良的学校教育也需要让他们意识到，他们在学校生活中应该被平等地关注，他们享有健康成长的权利，他们享有与教师同样的生命尊严，他们虽然尚待成人，但他们始终都是作为一个完整的人——而不是机器——在接受教育。这意味着他们置身学校生活中的安全感不仅仅是作为自然个体的安全感，即免于身体的侵害、恐惧等因素，同样是作为一个社会人，即免于孤立、歧视、威胁等因素，作为学校公共生活中的一分子的安全感。由此，在促成他们身心愉悦的同时，促进他们健全社会人格的养成。

我们常言"没有爱就没有教育"，究竟爱在学校教育中有何实际的意义，我们实际上很少谈及。学校教育中的爱从其最基本的层面而言，就是给予置身学校教育情境中的个体安全感，从而让个体免于恐惧、孤立、无助，由此而激发个体身心潜能，形成个体向着更高事物开放的积极身心基础状态。这里首先是教师对学生的友爱，即师爱，师爱在师生交往中的意义就是让老师成为学生个体可以信赖的对象，相信教师可以积极而平等对待每一个学生，

---

① 范梅南. 教学机智：教育智慧的意蕴. 北京：教育科学出版社，2001：78.

② 很有意思的是"安全"（safety）这个词与"关心"（caring）有联系。"孩子如果感到有人为他担心就不会过度地担心他们自己。"（范梅南. 教学机智：教育智慧的意蕴. 北京：教育科学出版社，2001：76）

由此缓和以至消解师生之间的隔阂，弥合师生之间的陌生与疏离感，让和谐而充实的师生交流成为可能。其次是同伴之间的友爱。为什么友爱在个体发展中如此重要？个体进入某一群体之中，融入群体，避免个人的孤立无援，以获得彼此认同与置身其中的安全感，是个体生存的基本需求。友爱的意义正是消除同伴之间的壁垒，使得个体与同伴群体连接起来。教师的教育技艺，其起点正是安全感的充分获得，由此使得个体身心轻松、自然、和谐、自由地浸润在教育情境之中成为可能，安全感的充分获致也成为个体在当下教育情境中有效学习与充分发展的基础状态。正因为如此，教师的教育艺术究其根本而言正是师生交往的艺术，就是如何让师生充分地在一起的艺术，即让学生在富于生命温暖的师爱与友爱中获得充分的安全感、全身心地浸润在师生交流之中的艺术。安全感获致的基本路径就是指向每个个体的教育爱、理解与关怀，使每一个学生免于恐吓、排斥。教师对学生不加分辨的凶蛮，刻意的歧视、贬抑，甚至打击学生，都会使学生产生不同程度的安全感的匮乏，导致学生身心紧张，无法充分融入当下教育情境之中。"温暖永远是比光亮更基本的需要。即使是从智力的黑暗进入智力的光明中，温暖也是不可缺少的。只要有了温暖，就可能在理解中转向光源、转向太阳。"[1] 爱的温暖在给予个体安全感的同时，引领个体进入智慧上升的通道。

这意味着教育的艺术，或者说基础性的教育艺术正是在于缓解个体置身教育情境中的紧张与不适，让他们获得充分的安全感，身心放松，自由地投入其中。这种紧张与不适可能来自当下的教育教学情境、教学内容的难易程度、教师的情绪情感、即将来临的考试、学校生活中某一时刻发生的特殊事件等；可能来自学生此前的日常生活经历，比如身体疾病、紧张的家庭关系以及其他生活创伤等，作为教师，我们需要更充分地洞悉这些复杂因素可能对学生当下的学习生活状态所产生的影响，由此寻求积极缓解之道，不忽视，更不随意指责学生，在师生积极而和谐的交往中让学生获得充分的安全感，达到身心的舒适和优雅。曾经创造了"第56号教室的奇迹"的雷夫·艾斯奎斯这样谈及他的教学："我的孩子考试成绩好是因为他们是放松的，

---

① 萌萌. 升腾与堕落. 上海：上海人民出版社，1989：135.

我在平时会考考他们理解到哪一步，但是我也会告诉他们，如果考不好，会有什么结果，结果就是没有任何变化——他们不会因为考试不好下地狱，他们的妈妈依然爱他们，我也依然爱他们。我告诉他们，真正的考试在十年之后，不是说考试成绩怎么样，而是我在一年中让他们学到了什么生活技能，他们不是为考试而学习，他们是为了生活中受益的知识学习。让他们很放松，他们就会考得很好。"① 显然，雷夫教学艺术的重心并不在于直接教授学生知识，而在于如何有效地消除学生为考试及其结果而产生的惧怕和压迫感，让孩子们在学习中找到自由，由此让身心放松，保持良好的生命状态，使个体生命潜能得以发挥，进而获得良好的学业成绩。可以说，充分的安全感的获致，以及由此而来的学生个体身心的自由，是一切优良教育教学实践的基础所在。

四、寻求安全感作为一种主动的生命实践：自我成长与个体安全感的上升

安全感的获致需要外在条件的必要呵护，与此同时，安全感的另一个重要基础就是个体自身能力与素养，即个体面对外在世界的综合能力的提升。个体自身能力发展既是基于安全感满足的个体发展的结果，又是促成个体更高的安全感获致的条件。安全感的逐步获得，从其内在支持而言，主要是基于身体的健康力量，以及从身体到心灵的理智能力与智慧，健康而有力量的身体是增进人的安全感的初始要素，知识、能力与智慧的发展是安全感发展的中介性要素，安全感发展的最终指向是成为孔子所谓"知者不惑，仁者不忧，勇者不惧"的人。这意味着个体成长的过程是逐步提高个人体力、理智能力与德行品质，并且引导个体积极与周遭世界交往的过程，在此过程中获得更高安全感的体验。如果说早期安全感的获致，有赖于个体自身的力量与知识，更多地关涉人的自我生存，那么伴随安全感的发展，安全感的获致转向个体德行与智慧，更多地关涉他人与世界、正义与秩序。如果说个体发展初

① 周钧辑．雷夫回答中国教师最想问的 16 个问题．教师博览，2012（6）．

期安全感的寻求主要是一种被动的身体应对，那么伴随个体发展，安全感的获致逐渐变成一种主动的生命成长，变成个体生命的自我教化。

每个人都会寻求自我存在的安全感，"我们可以将整个机体描述为一个寻求安全的机制、感受器、效应器，智力以及其他能力则主要是寻求安全的工具……假如这种状态表现得足够严重，持续得足够长久，那么，处于这种状态中的人可以被描述为仅仅为了安全而活着"①。一旦个体在自我发展过程中获得了充分的安全感，则意味着安全感不再作为一个严重的问题突入个体意识之中，而使得个体超越"为了安全而活着"的生命状态，转向追求生命中更有价值的事物。安全感的满足成为个体自我提升的基础，激励个体追求自我成长的更高目标。所谓居安思危，即"居安"才能"思危"，"居"个人处身之"安"才能更多地"思"身外事物之"危"。正如管子所言："仓廪实而知礼节，衣食足而知荣辱。"唯有具备基础性的安全感，一个人才可能更具忧患意识，并且寻求自我生存之上的更高价值的实现。这意味着基础性的安全感的满足是一个人积极向上发展的条件与支撑。

就个体发展而言，安全感是个体朝向更高目标的基础性状态。从个体初始性的安全感出发可以逐步地唤起个体对爱与健康、智慧与正义的追求，换言之，正是年少阶段基础性的安全感的满足，即让个体充分地享受爱与自由，在奠定个体优雅、开放的身心姿态的同时，激励个体寻求更高的安全感，追求智慧与正义的生活。一旦个体年少阶段开始就被基础性的安全感问题所困扰，它就难以走出这种困扰所带来的个体身心的抑制，无法意识到自我安全感在更高层面的阙如，不足以激励个体追求更高的智慧与正义。

这里值得一提的是，个体安全感的发展有一个过程，往往会经历这样三个基本阶段："1. 幼儿具有安全感的初始状态，气氛纯真而信任。2. 这一封闭的世界终有一天会被打破，人经过危难，体会到自身存在的不安全感，并产生孤立无援的失落感。3. 于是产生了重新建立起自己的生活保障、重新在世界上获得可靠的立足点的需要。"② 个体自幼安全感的获致离不开爱的

---

① 马斯洛. 动机与人格. 北京：华夏出版社，1987：44.
② 博尔诺夫. 教育人类学. 上海：华东师范大学出版社，1999：43.

呵护，从亲子之爱到教育之爱皆是如此。但爱的意义在于成全个体发展。正所谓"过犹不及"，溺爱之所以有害，一个重要原因正是过度的爱妨碍了个体与外在世界的自由接触，让个体习惯于一种保护性的生活，实际上是扩展了个体进入陌生世界的不安全感。不仅如此，随着年龄的增长，儿童变得越来越独立，同父母的联系日益减少，这一发展过程的直接结果是儿童的归属感和安全感丧失，因为他要独自面对社会，他要对自己的行为承担责任。显然，如果说低龄阶段要尽可能给予孩子充分的安全感，那么伴随儿童成长，儿童安全感的保护需要保持适度的张力，甚至可以说，在成长过程中的必要阶段，需要让孩子承受安全感在某种程度上的丧失，由此促成个体发展中的自主意识与责任感的提升。这意味着从家庭、学校乃至整个社会，我们在给予个体充分安全感的同时，还需要鼓励个体去自由探索，学会面对更广阔的生活与世界。个体发展需要充分的安全感，却并非要耽溺于现状，沉陷于安逸，更不是把孩子用过多的保护性措施围裹起来，触摸不到真实的世界。适度的不安全感，同样可能成为个体成长的契机，去激励个体寻求更高层次的安全感①。这里实质上是要区分不同层次的安全感，即基础性的安全感与这种安全感之上的、以发展为特征的、表现为危机感的适度不安全感。个体对安全感的获致与满足，不仅仅是一种被动的生命反应，更是一种努力寻求生命自我突破、以期更高境界的生命实践。

每个人来到这个世界上，伴随恐惧与战栗以及由此而来的对安全感的渴望，开始自己的人生。正是爱的联系、智慧的发展、个体德行与社会正义的诉求让我们从恐惧、孤立、无助、匮乏、不安中超越出来，获得自我生命的丰盈与美好。终其一生，我们都在追求自我存在的安全感，或者说我们总是要不断地回到我们所由之出发的地方；也可以说，终其一生，我们都在追求爱、智慧、德行与正义的生活。教育就其基本意义而言，其实就是开启这样

---

① 这里涉及安全感与危机感的区别和关联问题。安全感主要指涉个体的自我保存，危机感主要涉及个体的发展状况，两者指涉的问题与对象不同。安全感是原发性的、基础性的，植根于个体本能与身体，上升到心理、精神，而危机感是后发性的，是心理与社会的。对于个体发展而言，既要有足够的安全感，同时又要在个体发展的适当阶段保持一定的危机感，即在安全感的状态之中保持必要的危机意识，由此而激励个体潜能，激发个体成长的更高目标。在这个意义上，危机感也可以看作是对安全感的打破，或者说是一种较高级形态的不安全感。充分的危机感一定是基于个体基础形态的安全感的充分满足。

一种生活形式：激励个体追求更富于友爱、智慧、德行与正义的生活理想。从家庭、学校到整体社会都关爱青少年一代，创造条件给予青少年个体充分的安全感，正是激励他们自由自主地追求爱、智慧、德行与正义的生活的基础性条件。海德格尔所阐释的"诗意地栖居在世界之中"，其基础性状态正是安全地栖居在世界之中，在肉身所及的物理的、形下的世界之中寻求爱、和谐、安宁、稳定的家庭感，在灵魂所及的精神世界之中寻求正义、秩序、自由、和平的家园感，个人与世界融为一体，获得生命的安宁，正如重归母亲的子宫，亦如黑格尔所说：希腊人之"在精神上畅适自足，怡然如在家园"①。

---

① 黑格尔.哲学史讲演录：第 1 卷.北京：商务印书馆，1995：159.

第六章
爱与丰富：儿童成长的展开和儿童教育的关键质素

儿童成长的过程是自我向着世界打开自我并反过来建构自我的过程，构成这一过程的基本质素主要表现在两个方面：一是个体以何种姿态向着周遭世界，其核心是爱；二是个体以自我与世界相遇，究竟能敞开何种内容，我们称为"丰富性"。理想的教育是基于爱的交往的自我丰富，爱与丰富构成我们重新审视基础教育的两个基本维度。日常教育实践正是在爱的生命体验的深化与智识空间的扩展两个层面展开，前者构成教育实践的基础形式，后者则是教育实践的具体内涵。

一、爱与丰富：重新认识儿童发展和儿童教育的两个基本维度

先看一段晴的成长故事：

> 一天晚上，我跟小学二年级的女儿晴说起她的写话，说她写话写得不错，比我小时候写的东西要好，今后肯定会比爸爸更会写。女儿马上说："可是我今后不想当写文章的，我想做设计师。"我告诉女儿："设计师很好啊！"女儿又问我："设计师做些什么？"我说设计衣服。女儿接着问："设计衣服不要自己做，别人做出来是吗？"我说："是的，除了设计衣服，还可以设计鞋子、帽子，设计房间里面的装饰，还可以设计屋子，设计城市。"女儿马上接话："只有人是不能设计的。"

无疑，儿童在日常交往与对话中的创造力是非预期的，但从这个片段中，我们还是可以发现，儿童创造力确有发生的基础，即个体处于积极的生命状态与活跃的思维情境之中。如果说积极的生命状态离不开爱的激励，那么活跃的思维情境则是交往中呈现出来的思维的开放性与视野的启新。换言之，个体创造性涌现的基础性质素，或者概言之，个体成长之关键性质素无非两个，一是爱，即在交往情境中洋溢的父女之爱；二是丰富，即父女从孩子切近的生活主题之中逐步延展开来，促成女儿思维空间的拓展。爱成就积极的交往情境，激发生命的活力，孕育生命的温度；丰富显现开阔的思维空间，拓宽儿童的理智视野，激励理智生命的上升。

127

爱发生在人与人的真实交往之中，爱的具体表达形式是关注与期待、尊重与理解、支持与促进，由此人与人彼此紧密关联，并唤起个体爱的意向，激活个体爱的能力①。父亲对女儿的爱，包括关心女儿、理解孩子的兴趣、热心与孩子交流、言谈之中充满对孩子的激励等，唤起女儿向着父亲的爱与开放，并让这种爱与开放性转向周遭其他事物，形成个体与周遭人和事物的积极、乐观联系。换言之，爱的教育不仅直接孕育个体的爱与积极乐观的生命情态，同时也在个体积极的生命情态中孕育着个体活跃而开放的心智状态。

教育内容的丰富性主要表现为三种基本形式：(1) 同质性事物的丰富与扩展，即在教育情境中通过同质性事物的水平扩展来开启学生的思维空间；(2) 异质性事物的丰富与扩展，即在教育情境中不断引入不同质性的主题、事物，由此引导个体思维的转换；(3) 同一事物的纵深性扩展，即就同一话题深入其来龙去脉、现象本质，由此引导个体思维的提升。教育内容上的丰富性带来个体思维的活跃，这种活跃主要沿着三种轨道活动，即"水平的、垂直的或者椭圆形的"②。个体创造性思维的显现就是在教育情境所涉及内容的丰富性的牵引下，在个体水平、垂直或椭圆形思路展开过程中的思维跳跃，即一种跨越的或反向的、综合性的思维方式的展现与思想活动的形成。就前面的情境而言，爸爸跟女儿谈到设计衣服、鞋子、帽子，可以说是同质性事物的延展，再从设计房屋到设计城市，可以说是从日常生活空间出发的进一步延展与超越，由此引导孩子跳跃式思维的展开，孩子说出"只有人是不可设计的"，可以说在思维延展过程中再次回到自我的反向超越。

智慧发展的基础是天赋，一个人的天赋是相对恒定的，一个社会总不会缺乏天赋高的人。直白地说，就一个社会而言，整体上并不缺乏创新的天赋基础，缺乏的是如何有效地把人的天赋潜能激发出来。天赋潜能的发挥需要两个基本条件：一是激励。最根本的激励是内在激励，内在激励的根本就是

---

① 弗洛姆在《爱的艺术》中提出构成爱的基本要素，包括给予、关心、责任心、尊重和认识，爱的根本意义在于提高自己生命感的同时，也提高了对方的生命感，从而"在对方身上唤起某种有生命力的东西"；换言之，爱的根本意义正是在人与人的彼此连接中创造能爱的人。

② 杰克森. 什么是教育. 合肥：安徽人民出版社，2012：43.

爱，对人的爱激励个体提升自我、发展自我，对事的爱即兴趣，则引导着个体智慧发展的具体路径，这意味着爱在教育中的基础性。对于教育而言，最重要的，或教育的灵魂所在，就是培育爱、激励爱；换言之，构成优良教育的基础形式就是富于爱心的交往。二是空间开启。主要指给天赋潜能的发挥提供显现的空间及其可能性，个体周遭智识空间的开放性与多样性无疑是激励个体天赋潜能发挥的重要条件，这意味着对教育内容的丰富性诉求。

爱唤起个体生命向着周遭世界的开放性，孕育个体积极乐观的生命体验；丰富则激励个体思维，激活个体心智，在积极彰显个体理智能力的同时促成个体的自我发现与自主成长。爱孕育个体成长的基础形式，即孕育个体成长的生命底色；丰富则指涉个体发展的具体内容。爱激励个体成长的内在追求，丰富则为这种追求提供切实的依据。爱的交往促成个体与他人和社会建立联系，由此扩展个体的社会化人格；丰富性的扩展则意味着扩展个体的理智视野与理智能力，孕育个体的创造性。爱孕育着个体的属人化的生命本体，也即孕育着人文本体；丰富性则在为个体理智发展提供充分的自由自主空间，并由此激励着个体的理智兴趣，提升个体的理智能力，最终促成个体生命之理智秩序的形成。

从爱与丰富性的关联结构来看个体发展，大致可以分为四种基本范式：一是爱与丰富性的双重匮乏，比较典型的是留守儿童的教育，既缺少父母的温情陪伴，日常生活空间也流于狭窄，这样的结果是生命的虚空化，缺少必要的价值感与自我认同①；二是有爱而丰富性不够，比较典型的是溺爱型的家庭教育，爱的交往大多局限于日常生活的过度关怀，导致个体发展视野的狭窄、平庸化②；三是有丰富性而缺少爱的关怀，这样成长起来的个体其思维能力的发展并没有受到太大局限，但由于缺少爱的温暖，使得个体缺少向

---

① 这一范式的典型案例是：2015 年 6 月 9 日，贵州省毕节市七星关区田坎乡茨竹村 4 名儿童一起喝农药自杀身亡，4 个孩子 1 男 3 女，是留守在家无大人照顾的四兄妹，最大的哥哥 13 岁，最小的妹妹只有 5 岁。

② 这一范式主要发生在隔代教育中。老人对孙辈易于过度宠爱，忽视了个体发展的丰富性诉求，由此导致个体发展的双重匮乏：宠爱弱化了个体爱的能力的生长，导致个体爱欲的提升与扩展被局限，即个体情感发展的广度被限制；丰富性的不足则意味着个体思维空间敞开得不够充分，个体发展视野狭窄化，弱化个体理智发展的高度。两者的结合，即个体人格之爱与智慧的双重不足，导致个体发展的平庸化。简言之，隔代抚养更易于造就平庸的人。

着他人与世界的足够的开放性，易于导致自我人格的封闭与个性的单一化，与此同时，爱的匮乏也会在较高的层面制约个体丰富性的发展；比较理想的范式就是第四种，即爱与丰富性都得到充分的扩展，由此孕育出与世界积极沟通、理智与情感和谐发展的健全个体。

显然，爱与丰富性，两者紧密相关，缺一不可。富于爱心的交往需要理智性内容的支撑，否则这种交往难以超越日常生活的品质而流于平庸与琐碎；只有丰富性则意味着缺少激励个体发展的内在动力，并易于使个体趋向单面性的理智化发展，不足以促成个体在爱的情境中朝向他人，使得自我与他人真实关联，进而发展出自己健全的社会性人格。缺少爱直接导致个体生命之温度的不足，同时，间接地导致个体生命之内在动力的匮乏；缺少丰富性则意味着个体思维的发展缺少丰富质料的支撑，在弱化个体发展的自主性的同时也内含着视野的狭窄、个体生命的平庸化与自我封闭，从而使个体发展缺乏必要的深度与广度。

综合起来，爱是情感性的激励，是属人化教育场域的展开与个体发展内在动力的培育；丰富性是智识发展的基础，是为个体天赋潜能的显现提供理智支撑，由此形成个体理智发展的方向与路径，促成个体理智能力的不断生长。换言之，智识空间的丰富性让个体理智发展找到属于自己的方向，从而激励个体理智自主发展的可能性，结合起来就是培育个体爱-智慧的生命结构，让个体发展始终在爱与智慧两个层面展开。如果我们用教育现象学直观描述的方式来表达，这一过程就是在爱的交往中的自我丰富，而非被动性的智力开发。这意味着早期教育的中心就是引导儿童在爱的交往中敞开他们丰富的世界，直白地说，就是让儿童怀抱爱投身于丰富的交往与创造活动之中。

这里特别值得一提的是，富于爱心的交往在个体发展中有着不可或缺的基础性地位。孩子创造性思维的生成与显现跟富于爱心的交流是密不可分的，甚至可以说，富于爱心的交流直接孕育着孩子的创造天性。我们常说没有爱就没有教育，爱在教育实践中的意义究竟如何，我们并没有深入的认识。就创造力而言，爱的意义主要表现在两个层面：一是作为个体发展的动力，即作为个体创造力提升的内在动力，没有爱的支撑，很难想象一个人会有持久而深度的创造；二是爱的交往作为个体发展的场域，始终提示着个体智慧与创造力发展的根本方向——回归到富于爱的世界之中，提示个体创造力发挥始终指向一个属人性的世界，由此提升创新精神与创新能力发展的根本意义，即为了人，为了人与人的富于爱的交往与生活。爱与丰富性之所以紧密相连，不可分割，还有一个重要的原因，就是赋予个体成长属人性，激励个体人性的自我完满。丰富指涉个体发展的内涵，但丰富本身并不是个体发展的目的，丰富还需要更高的指向，这种指向就是个体发展的内在目的，即个体人性的完满与自我人格的完成。基于此，就事物与个体的关联属性而言，爱与丰富性涉及三个基本层面：感性层面、理智层面和价值层面。一般说来，儿童总是在感性事物的丰富性扩展的基础上，逐步开启对事物的理智性认识的扩展，进而在爱与丰富的相互激励之中，唤起个体生命之价值感的丰富，由此而逐步激励个体整体成人。

正因为个体创造力的显现具有非预期性，教育实际上并不足以直接地培养人的创造能力，而是给人的创造力的发展提供生成与涌现的基础。人的创造性教育，首先是创造性的人的教育；人的创造能力的不断生成与涌现，首先是建基于个体作为健全的人。爱培育积极情感，丰富开启个体多方面的理智兴趣，由此培育个体置身日常生活情境中多样的兴趣与趣味，即培养有趣的人。确切地说是基于爱的自我丰富性的获致，让个体成为内心充实而富有趣味的人，成为个性丰满而富于创造性的人。个体作为专业人的创造力，源于其作为一个人的创造力，即其自我生命本有的创造特性。培育人的创造力，首先是培养具有创造力的人，是在爱与丰富性的充分体验中培养个体健全的成人，创造力的发展孕育在个体成人的过程之中。

二、爱与丰富性扩展的教育路径及其内在秩序

爱与丰富性不仅构成个体发展的共时性生命结构，而且构成个体发展的历时性生命秩序，即从个体发展的内在秩序而言，早期教育重在孕育爱，在爱中渗透丰富性；中后期教育重在丰富性的扩展，在丰富中渗透爱。

年少阶段的教育包括学龄前期、学龄初期的教育，幼儿教育阶段、小学

教育阶段重在爱的培育，在富于爱心的交往中逐渐提升智识内涵之丰富性的渗透；换言之，个体发展前期的教育是感性的，具有浪漫的特质，这个阶段的重点是奠定个体发展的积极健康的生命基础。可以说，学龄初期的教育从其实质而言就是生命的教育，是基于生命并且指向生命的教育。德国著名漫画家卜劳恩的作品集《父与子》中有一个故事《美丽新世界》[①]：假日的第一天早晨，儿子还在睡梦中，爸爸找来一个人，趁儿子熟睡的时候进入了儿子的房间。他们轻轻地把儿子抬上了汽车，儿子睡得很香，还没有醒。汽车开在马路上，马路上的人都奇怪地看着他们，父亲示意大家别吵醒儿子，指挥交通的警察也让大家保持安静。父亲把儿子抬到了森林里，太阳出来了，儿子醒来一看很惊讶，他看到了一个美丽的新世界，还以为在做梦，爸爸躲在树后悄悄地笑了。这里所描绘的亲子交往情境，就是以父亲富于想象力的爱来成全孩子一个丰富而美好的内心世界。在富于爱心的交往中，开启年少个体丰富的内心世界。引导个体在爱中的自我丰富，可谓个体发展早期教育的灵魂所在。

早期阶段教育的重心就是激活个体向着他人与世界的积极而生动的爱，培育个体作为爱的存在。这意味着低龄阶段的教育重在富于爱心的游戏与交往，在爱的交往中增进个体丰富的生命体验，以孕育个体积极而充实的生命底色[②]。基于此，我们主张小学教育的审美化，以抗衡小学教育的过早理智化。小学教育的审美化，其中心就是在自由而多样的交往情境中注重儿童感官的综合运用，在提升个体的感官能力的同时，激活个体的感性生命存在，促成个体积极乐观的生命体验，培育个体健全的审美精神。小学教育审美化

---

① 卜劳恩.父与子.哈尔滨：哈尔滨工业大学出版社，2015：77.

② 正因为如此，年少阶段爱的交往的匮乏对于个体发展的不良影响几乎是不可估量的，这也是当前留守儿童教育的根本症结之所在。有人提出，"由于共同生活的时间太少，父母对孩子的了解被窄化到模式化的问候甚至盘问，缺乏充分的亲子互动，反复的叮嘱又会引发孩子的厌烦。于是多数留守儿童与自己的父母沟通不畅，关系较僵，越走越远，在他们的身上，家从不可接触逐渐演变为家庭观念的淡薄"。正因为如此，"对留守儿童的千万种关爱和帮助最终都绕不开一个概念，那就是家。中外众多研究表明，任何一个人的成长发展，父母亲情和家庭关爱是很难找到替代形式的，它是一种能够将激励与规范巧妙组合在一起的引导力量。缺少家庭亲情哺育让留守儿童没有人生目标，不能安静地学习生活，与高速运转的社会齿轮黏合不上，最终很高比例的人走向自暴自弃"（储朝晖.留守儿童需要可感触到的家.人民网-教育频道，2015-12-30）。留守儿童真正需要的是可感触到的家的温暖，可谓抓住了问题的中心所在。

的基本路径：一是增加美育课程在小学教育中的比重，直接扩展儿童的审美体验；二是注重课程的综合化，尤其是小学低年级课程的综合化，以强化儿童感官的综合运用；三是课程教学的游戏化，以突显教学过程中儿童的自由与充分交往的可能性；四是扩展校内校外的师生、生生交往的可能性，以扩展儿童爱的激励的空间。另外，要实现小学教育的审美化，需要两个基本条件，一是弱化小学课程知识的系统性与难度，由此使得小学教育的综合化、游戏化成为可能；二是小学办学的小规模化与小班化，由此，充分的师生、生生交往成为可能。

学龄中期、后期的教育，则是在智识内涵之丰富性充分扩展的同时，渗透以富于爱心的交往。显然，学龄中后期的教育逐步趋于理智化，目标趋于明晰，伴随个体大脑的成熟，这个阶段的重点就是理智能力的发展与智识视野的扩展。换言之，中学阶段的教育，尤其是高中阶段的教育应该是充分理智化学习的阶段，把青少年学生的理智兴趣充分地激励出来，得到足够的磨砺与拓展，为今后创造性的生命实践提供直接准备。中学教育理智扩展的主要路径：一是课程知识呈现系统化，强调中学生系统知识学习中的充分理智思维训练；二是课程类型多样化，特别是选修课程、活动课程（包括各种文体活动、演讲辩论、社团组织等）的多样化，以彰显学生理智兴趣发展；三是阅读的意义进一步突显，以扩展中学生的心智视野；四是探究性学习逐步扩展，以综合提升个体的理智探究兴趣；五是综合实践活动的深入开展，包括各种社会调查、社会实践等。

与此同时，中学教育同样要在富于爱心的交流，以及平等而广泛的参与、自主探究与社会视野的扩展中进一步提升个体生命的人文体验，逐步获得价值感的丰富体验，深化个体生命之人文品格。随着知识要求的提升，爱的交往难免弱化，但我们始终需要意识到，富于爱心的教育在任何时候都是个体发展的基础性主题。这意味着我们的中学教育同样需要以适度的小班化来增进师生、生生富于爱心的交往，同时更要在广泛的社会交往实践中扩展个体的爱的体验，引导个体爱的情感发展从个人性走向普遍性，从一己之私爱走向公共之大爱，扩展个体成长之爱的社会性动力，爱的发展贯穿个体发展始终，成为个体发展的内在基础。

如果说低龄阶段教育的重心是爱的交往，是个体爱的生命本体的孕育，那么学龄中期教育的重心无疑就是丰富性的开启，这意味着中学教育必须在个体理智发展的黄金阶段，充分激励个体理智思维能力的展开，培养个体的理智兴趣、理智能力，同时鼓励学生的创造性综合实践，以培育、扩展青少年学生的心智视野、理智兴趣与理智思维水平，逐步培育个体的理性精神，充分彰显个体的理智生命。因为爱与丰富性彼此相关，难以分隔，只是在个体发展的不同阶段各有侧重：年少阶段重在爱的交往，以爱的交往形式本身的丰富性来孕育个体积极的生命体验；伴随个体发展而不断地转向个体智性空间的丰富性的开启，但出发点依然是对儿童成长的爱与促进，即以爱的方式来开启个体智性空间的丰富性。这里特别需要警惕的是教育的倒置，即个体发展前期的偏于理智化、明晰化，而后期的教育则偏于浪漫化，缺乏具有深度的学习目标，浅尝辄止。简言之，引导个体在走向丰富性的过程中贯之以爱的关怀，可谓个体发展中后期教育的要义所在。

总而言之，爱与丰富性是贯穿个体发展与教育的持续性问题，富于爱心的交往始终是优良个体教育的基础形式，与此同时，好的教育还需要努力拓展个体的智识空间，避免教育空间的平庸与狭窄，或沦为日常生活的简单重复，或者是低水平的简单重复。好的教育教学活动正是基于爱心的交往的智识空间的充分开启，由此形成对学生个体生命的整体性激励，召唤出个体的健全人性与创造个性。一个人的成长从来就不是孤立的理智能力发展与知识习得的过程，而始终是置于人与人的交往背景之中的、即向着他人与世界开放的个体理智能力的发展、知识与智慧的获致以及综合性的创造个性与人格的整体形成。换言之，青少年必须作为学习与发展着的生动的人，而不是单纯作为学习机器而受教育。

教育之爱与丰富性还涉及全面发展教育的内容体系问题。如果说智育的意义是开启智识空间，那么体育、美育主要就是要培育、激励个体的爱，德育是两者的综合提升；就不同学段而言，低龄阶段的教育就是体育与美育，在体育、美育中渗透智识空间的丰富性与品德的训练；学龄中后期，智育、德育逐渐以独立的方式显现出来，但体育、美育依然处于基础性的地位，对个体爱的情感的发展具有不可替代的本体意义。

三、日常生活的孕育与儿童教育的开放性

教育一个健全的富于创造力的个体，绝非单纯学校所能完成，再好的学校教育也不能取代个体置身更宽广的自然、社会世界的丰富性。这里的含义主要有两个方面，一是日常生活中本身就有着蕴含爱与丰富性的教育情境，这种教育情境对于个体成长具有重要的意义，对于学校教育也可以提供参照范式；二是自然、社会世界中蕴含着多样的激励个体生命之爱与丰富性的教育资源。正因为如此，比之于广阔的日常生活世界，学校教育的丰富性总是有限的，所以学校教育必须保持向着生活世界的必要开放性，以避免学校教育的自我封闭。

日常生活中典型的富于爱与丰富性品质的教育情境有：小孩子围着爷爷奶奶听故事、少年同伴一起在自然环境中嬉戏、家庭亲子共读、节庆中的群体游戏等。堪称经典的儿童文学作品，往往都蕴含着爱与丰富性的双重体验，以优秀儿童文学作品，尤其是童话来浸润童年，是开启儿童爱与丰富的生命空间的重要形式。而亲子共读，无疑是以童话为载体，进一步开启爱与丰富的亲子交流空间的重要路径。此外，年少阶段个体与自然环境的生动交往、个体置身社会中的丰富体验，都是促成个体成人不可或缺的基础形式，是孕育健全的富于创造力的生命个体的重要内涵。这意味着个体成长向着生活世界的开放性。离开了日常生活世界的充分孕育，一个人不可能成为具有丰富创造个性的健全的人，甚至可以说，不可能成为健全的人。

这里特别值得一提的是年少阶段交往的广泛性。沈从文曾这样写道："我生活中充满了疑问，都得我自己去找寻解答。我要知道的太多，所知道的又太少，有时就有点发愁。就为的是白日里田野，各处去看，各处去听，还各处去嗅闻死蛇的气味、腐草的气味、屠户身上的气味……"，"若把一本好书同这种好地方尽我拣选一种，直到如今，我还觉得不必要看这本弄虚作假、千篇一律用文字写成的小书，却应当去读那本色香具备、内容充实、用

人事写成的大书。"① 沈从文的成长，同其年少阶段与自然的富于爱心而又十分丰富的交往分不开的，个体年少阶段与自然之间的生动而丰富的交往直接孕育了个体发达的想象力和思维的敏锐。可以说，正是这种交往孕育了沈从文对人事的敏感性与对人类生活之复杂性的理解与包容。学校教育体系中的"小书"固然重要，但学科知识之"小书"不足以替代鲜活人间事物写成的"大书"、遮蔽"大书"的意义，而是要进一步彰显"大书"在个体发展中的意义。这也是蔡元培等主张中小学应该多办在乡村的重要原因，乡村自然条件的丰富性和个体置身其中的自由与生动的开放性是孕育儿童健全人格的重要基础。

除了自然，长期积淀而渗透在日常生活中的民俗民风，同样是孕育个体爱与丰富性的重要教育资源。我们再来看鲁迅在临终前两天所写的他童年演戏时的经历："在薄暮中，十几匹马，站在台下了；戏子扮好一个鬼王，蓝面鳞纹，手执钢叉，还得有十几名鬼卒，则普通的孩子都可以应募。我在十余岁时候，就曾经充过这样的义勇鬼，爬上台去，说明志愿，他们就给在脸上涂上几笔彩色，交付一柄钢叉。待到有十多人了，即一拥上马，疾驰到野外的许多无主孤坟之处，环绕三匝，下马大叫，将钢叉用力地连连刺在坟墓上，然后拔叉驰回，上了前台，一同大叫一声，将钢叉一掷，钉在台板上。我们的责任，这就算完结，洗脸下台，可以回家了。"② 之所以鲁迅对这种经历记忆深刻，正是因为对于年幼的鲁迅而言，"'薄暮'中扮作鬼卒，骑着大马，飞驰于'野外无主孤坟'之间，多么神秘和刺激。'拥上''疾驰''环绕三匝''大叫''刺''拔''驰回''掷''钉'，这一连串的动作，又是何等的干净利落！何等的神勇！对孩子来说，这不仅是一种仪式，更是一种游戏"③。而且，经过这一番仪式，"种种孤魂厉鬼，已经跟着鬼王和鬼卒，前来和我们一同看戏了"④。这对于年幼的孩子而言，显然又是一个奇妙的

---

① 沈从文. 沈从文散文选. 长沙：湖南文艺出版社，1992：13，19.
② 鲁迅. 女吊//鲁迅. 且介亭杂文末编. 北京：人民文学出版社，1995：151.
③ 钱理群. 钱理群中学讲语文. 北京：三联书店，2011：93.
④ 同②.

生命体验："超越了时空，跨越了生冥两界，也泯灭了身份的界限，沉浸在一个人鬼交融、古今共存、贵贱不分的'新世界'里。"① 年少阶段富于爱心而又不乏奇妙的生命经历，无疑极大地扩展了个体的生存经验与人性体验，扩展个体身心与外部世界的丰富联系，尤其是作为发生在童年阶段的经历，实际上成为极大地扩展个体内心经验世界，以至扩展个体生命基本内涵的基础形式，扩展了个体的人性感受力，潜移默化地孕育了个体丰富而广阔的人性空间②。无疑，年少阶段鲁迅在富于爱与自由的交往情境中的个人体验，对孕育他蓬勃的文学创造力无疑起到了重要的奠基作用。

个体发展早期与自然的充分交往，在开启个体丰富的自然感知与想象力的同时，孕育个体自然之爱；个体与民间社会的必要联系，以及贯穿教育过程中的必要的社会交往，在提升个体的社会认知的同时，也激励着个体的社会之爱。儿童成长的开放性，其基本内涵就是儿童成长向着开阔的自然、社会生活开放，这不仅仅是让孩子在学校教育之外多学几门技能培训课程（连续不断地学习本身就可能成为儿童成长过程走向封闭的重要因素），这意味着学校教育需要尊重并保持向着日常生活世界的开放性，学校教育必须超越日常生活形式，但同时又必须意识到学校教育自身的局限性。每个人的成长都是十分复杂的，人为设计的学校教育无论有多完满，都不足以替代个体置身生活世界之中的自由陶冶。所谓"一方水土养一方人"，"一方水土"所代表的生活世界在孕育个体的生存个性的同时，也是在传递着千百年来生生不息的生命精神。自然、民俗、无处不在的日常生活交往以及开阔的社会空间，作为蕴含着爱与丰富性的日常教育情境，是个体成长与创造力孕育的重要生命资源，现代学校教育必须予以足够的尊重与重视。

---

① 钱理群. 钱理群中学讲语文. 北京：三联书店，2011：93.

② 这里是提示我们，如果说我们过去的教育形式偏于政治化，对人的理解过于单一、机械，那么今天当我们学校教育实践逐步转向对个体的柔性化的审美教育经验，这对于前者无疑是极大的超越，但我们要意识到，仅有柔性化的审美教育经验还是不够的，这同样可能陷于个体人性的单一化的陷阱，弱化个体发展之人文底蕴。当我们重温古代经典，包括《山海经》《诗经》《楚辞》以及古希腊悲剧作品时，不难发现，我们滋养个体发展的精神资源应该是广博而多样的，我们既需要让孩子们理解人性的柔美，同时也需要适当地渗透人性之奇崛与粗糙。开阔而丰富的生命经验，对于个体富于张力的生命结构是十分有益的。

四、爱的孕育与丰富性的扩展：我国基础教育改革的路径

根据以上分析，我们不难发现，衡量基础教育甚至衡量一切教育好坏的基本维度，其实就是两个方面：一是从基础形式来看是否充满着爱的激励，以增进教育实践本身的属人性，同时孕育个体发展的内在动力；二是对实践内容而言是否具有足够的丰富性，以磨砺学生的心智世界。

从整体上说，我们当下基础教育的主要问题，就内容而言，重德育、智育，轻体育、美育，重知识技能的传授，轻个体爱的培育与激励。由于我们从根本上并没有充分激励个体的内在动力，所以不管我们在教学实践中用的是灌输还是启发式教学，都不足以改变教育实践整体的灌输性质。就过程而言，表现在三个方面：学校教育过程中交往深度与广度不足；过于偏向应试的课程与教学模式导致学校教育整体智识空间的狭窄；被动的知识学习以及由此而来的自主性综合实践的不足，使得个体成长过程中缺乏充分激活自我爱与理智能力的深度创造性实践活动。这样的结果就是个体在人生成长的关键阶段得不到爱与丰富性的深度体验，个体不足以拥有一段充实而愉悦的中小学生命经历，因此，我们的教育需要培养蓬勃生气、视野开阔、富于创造力的生命个体。

就学段而言，不同阶段的问题各有不同：低龄阶段教育的主要问题是幼儿教育的小学化与小学教育的中学化，这意味着本应在低龄阶段充分地孕育、激励个体的生命之爱，反而为学业负担所累，以至于一方面个体生命之爱未能得到充分发育，另一方面导致对学习的厌恶，厌学成为不可忽视的常态。这意味着目前我国小学教育改革的重点在于一方面切实降低小学阶段课程的知识难度，扩展孩子们的知觉经验，培育好奇心与想象力；另一方面扩展教育情境中的交往，包括人与人的交往、人与自然的交往，增进课程的综合性。爱的交往的扩展需要师生、生生的充分接触，这意味着低龄阶段教育的小规模化、小班化。中学阶段教育的突出问题则是智识空间的单一化与社会实践的不够充分，一方面导致个体心智视野的狭窄与个体综合实践能力的不足，同时也导致个体社会关怀即社会爱的发育不够充分，立足个人一己之

私爱不足以上升到普遍性的社会之大爱，由此窄化了个体的社会性人格。

一个人要真正成为一个具有深入而持久的创新精神与创新能力的现实个体，显然其道路充满艰辛，如果缺少基于个体生命的自主自觉，一个人不可能有持续而深度的创造性实践。一个人积极主动的创造精神与创新能力的培养，其内在基础正是爱的激励与心智世界的不断开启。换言之，唯有一个人基于宽广的爱，找到了创造的路径、体验了创造的乐趣，才可能长此以往地提升自我，保持个体持续发展的态势，并不断地寻求自我超越的路径与可能性。教育之爱与丰富性，并不必然导向个体的自主自觉，但缺少了教育之爱与丰富性的质素，则绝不可能导向个体的自主自觉。

我们今日的基础教育改革，大都集中在形式，特别是课堂教学形式，缺少关乎爱与丰富性的实际内涵的突破。站在爱与丰富性的视角来审视我国基础教育改革，至少包括以下几方面：

第一，切实甄定不同阶段学校教育的目标。低龄阶段的教育重在富于爱心的交往，在爱的交往中渗透心智世界的丰富性启迪，或者说基于爱的交往来培育个体之爱的心灵、发达的想象力与探究世界的好奇心；中学教育阶段重在理智世界的扩展，在理智知识的丰富性中渗透爱的浸润。中学教育阶段需要以扩展个体的理智视野、培育理智兴趣为重点。

第二，在学校教育的内容结构上，必须注重德智体美劳几方面全面发展。在目前的状况下着力提升体育、美育在学校教育中的地位，大力彰显体育、美育对于个体发展的基础性意义，发达的体育、美育不仅创造个体健康优雅的身心姿态，培育个体的健全体魄与审美精神，同时也是激励、培植个体爱的基础形式。

第三，在具体教育实践中，努力扩展爱与丰富性的生命体验。一是需要以积极而开阔的交往，包括人与人、人与自然、人与社会的交往，来扩展、提升教育之爱的维度；二是需要以理智世界的切实而充分的拓展来提升教育的丰富性，由此培养蓬勃生气、视野开阔、富于生命情怀与社会关怀、充满创造活力的生命个体。

第四，学校教育必须保持向着日常生活世界的张力，保持个体对周遭他人、自然、社会的敏感性，引导个体真实地活在与周遭世界的丰富而生动的联系之中，即活在个体与周遭他人、自然、社会的爱与丰富的联系之中，从而促成个体成为健全的社会人。

　　不管我们置身何种时代，基础教育都不能忘掉基础的本性，即基础教育的根本指向是培养人，培养健全的青少年儿童，而不是培养专才，哪怕是创造型的专才——尽管我们同样需要鼓励青少年儿童创造力的发挥，我们的根本任务是让他们成为健全的富于创造个性的人。富于爱而又彰显丰富品质的教育实践，并不仅仅是指向儿童的未来、指向他们如何适应创新时代的需要，而是让他们此时此刻的生命得到充实——爱的情感与理智空间的双重充实，由此让他们身心充实而愉悦地活在当下，让他们拥有一段幸福而完整的学校生活，民族创新的希望自在其中。

第七章
适应与超越：信息技术时代的儿童教育

　　儿童发展的过程是从自然存在一点点地过渡到社会存在的过程，如何处理好自然存在与社会要求之间的矛盾与冲突问题，就成为儿童发展与教育中的关键问题。应对这种矛盾冲突的基本路径有两种：一是立足儿童自然发展的特点，让儿童成长更多地遵循自然发展的秩序，逐步获得自身的社会品质，以健全的自然性发展作为自我健全的社会性发展的基础；二是立足于社会发展的现实，把社会对个体发展的要求尽可能早地渗透到儿童发展之中，以引导儿童更快地融入当下社会生活。现实的教育往往是在两者之间，即一方面尽可能尊重儿童自身发展的内在秩序，另一方面又有效地融入社会发展的现实需求，在适应现实而又超越现实的张力中寻求儿童健全发展的契合点。就今天儿童发展的现实而言，一个不能不面对的基本事实就是，我们已然进入信息技术时代。如果说对于成年人而言，信息时代是基于自我业已成人的后发性事实，那么，对于当下的儿童而言，信息时代则是他们人生初开的基础性现实。如果说之前的时代，儿童发展是一点点打开自我社会性视域的过程，那么，今天的儿童则有着明显的不同，他们几乎一开始就面临着信息技术所敞开的社会性视域的打开，而信息技术所敞开的虚拟性的世界一旦过早地进入儿童视域，就很可能遮蔽甚至替代个体发展原初性的世界，这样的结果就是儿童自然存在的弱化，在他们还没有充分舒展自我生命的自然率真之时，他们就已经开始了社会化的进程。显然，今天我们要忽视信息技术对儿童的影响是不可能的，唯有在正视信息技术时代的基础上，一方面合理利用信息技术；另一方面寻求必要的超越，由此寻求信息技术时代儿童健全发展的合理教育路径。

一、信息技术时代人与人之间的疏离

　　卢梭在《爱弥尔》中开宗明义："出自造物主之手的东西，都是好的，而一到了人的手里，就全变坏了。"① 卢梭在教育现代化的开端就敏感地意识到自然与人为的冲突，给出的答案就是教育需要遵循自然的轨迹。在卢梭

――――――――――

　　① 卢梭. 爱弥尔. 北京：商务印书馆，2001：5.

看来，人所受的教育，来源不外乎三种："受之于自然""受之于人""受之于事物"。他说："我们的才能和器官的内在发展，是自然的教育；别人教我们如何利用这种发展，是人的教育；我们对影响我们的事物获得良好的经验，是事物的教育。"① 在这三种不同的教育中，"自然的教育完全是不能由我决定的；事物的教育中人在有些方面能够由我们决定；只有人的教育才是我们能够真正地加以控制的"②。正因为受制于自然的教育是不可以更改的，受制于社会环境的教育是不可以控制的，可以改的是受制于人的教育，卢梭的教育主旨就是要让人为的教育与人的自然发展相吻合，让个体生命的发展始终能找到一条契合自然的成长脉络。时至今日，我们已然身处信息技术时代，信息技术的无孔不入，已然模糊了儿童自然与人为之间的边界。我们来看一个典型的生活片段：

> 周末的早上，客厅里，10 岁的姐姐晴在看英文动画片《小马宝莉》，3 岁弟弟辰在看幼儿动画片《消防车》。妈妈在卧室里用手机订购早餐，玩消消乐的游戏。爸爸在书房打开电脑，学习与写作。（2018 年 11 月 18 日）

作为当下典型日常生活场景，不难发现：一方面，在信息技术的支持下，个体自我活动空间与能力得到有效提升，姐姐在看英文动画片《小马宝莉》的过程中学习了英语听说，弟弟在看《消防车》动画片的过程中培育了机械的兴趣，妈妈通过信息技术料理早餐问题，爸爸运用电脑写作交流，每个人都有效地活在自己的世界之中；另一方面，信息技术的使用也潜移默化地变成某种生命的习惯，成为个体生命的某种依赖，由此让个体沉溺其中，难免削弱对生活中别的人和事物的兴趣，这对于儿童发展尤其明显，他们更容易沉溺于动画片和电子游戏的世界之中。

不难发现，现代信息技术向着儿童生活的进入，一方面是类的主体能力进入儿童生活世界之中，由此极大地提升了儿童生活中的自主自立能力，减

---

①② 卢梭. 爱弥尔. 北京：商务印书馆，2001：7.

少了儿童对成人的依赖性；另一方面又在客观上促使儿童生活中的彼此孤立，弱化了人与人之间的交流。每一种技术都是作为类的智力成果的表达，类的智力成果以技术的方式进入儿童世界，先行扩展了儿童的智力空间，儿童的自主性与独立性得到了前所未有的提升。信息技术无疑是当代智力成果的集中体现，一方面，它深度地进入儿童日常生活，极大地提升了儿童生活的宽广度；另一方面，过早地让孩子以信息技术为媒介进入现代生活，容易导致儿童对自然世界的漠视，也让儿童过早地从自我存在的自然状态中剥离出来。

时代递进发展，儿童因为接受能力强，更容易通过技术而站在文明的前端，凭借新潮的信息技术而提早开启自主生活，客观上加剧了代际之间的分隔，代沟日渐凸显，人与人之间内在的契合度降低，个体意义世界的展开不充分。今天的青少年一方面变得聪明而有能力；另一方面却并没有获得相应的幸福感，青少年离家出走甚至自杀的诸种极端事件与此有着紧密的关联，其根源正是始自家庭的人与人之间深度契合的丧失，个体难以充分打开进入他人生命世界的有效通道。

综合起来，信息技术时代儿童发展所面临的主要问题体现在两个方面：一是人与自然之间缺少必要的亲近而发生的疏离。技术本是人为的产物，信息技术作为现代文明的重要载体直接地把儿童从自然状态中超拔出来，让年少个体一开始就活在一种非自然的情境之中。二是人与人之间缺少内在的契合而发生的疏离。个人理智能力经由信息技术的深化而迅速得到扩展，由此而来，个人的自立能力提升，与之相应，人与人之间的相互依赖与彼此回应的空间被弱化，人机交流在一定程度上挤占了人人交流。这样的结果就是无根化生存，个体陌生于自然，同时又陌生于周遭他人，在人人关系、人天关系之中找不到自我生命的合理秩序，由此而陷于一种孤立化生存的状况。这意味着现代性背景中人与自然、人与人之间生命交往的强化与生命内在秩序的重建成为重要问题，我们迫切地需要一种基于现代性背景中的个体生命秩序的合理建构。

二、重建人与人之间的根本性联系

我们来看宋代词人辛弃疾所写的《清平乐·村居》：

> 茅檐低小，溪上青青草。
>
> 醉里吴音相媚好，白发谁家翁媪？
>
> 大儿锄豆溪东，中儿正织鸡笼。
>
> 最喜小儿亡赖，溪头卧剥莲蓬。

"茅檐低小，溪上青青草"，此句把人为的事物降到最低水平，即把个体对外在事物的依赖降低，这是接近纯粹的自然境遇之表达。后面几句，正是在此接近自然的场域中所展开的本源性人际生活的展开："醉里吴音相媚好，白发谁家翁媪？"展现的是父母之间的爱与温情；"大儿锄豆溪东，中儿正织鸡笼。最喜小儿亡赖，溪头卧剥莲蓬"，所展示的正是基于父母之爱与温情而展开的不同年龄阶段的儿童发展的秩序，其间所隐含的正是基于生命秩序的内在和谐。对于"溪头卧剥莲蓬"的"亡赖"小儿而言，其生命伊始，潜移默化体验到的正是一种基于生命本身的秩序与共契，是人与天、人与人之间的整体和谐。

这里展现的是古典中国乡土文化视域中的宁静与秩序，一种田园生活之美；其间所折射出来的是一种人与天、人与人的初始性的和谐，也即一种非技术化时代人与人之间的本源性的契合，尽管这种契合本身是诗化的，但却在一定程度上提示人与人之间的契合是个体发展的基础形态。当然，我们也无须过多地美化这种田园生活，其间隐含的是对一种人际复杂多变的社会生活之远离。站在今天的立场来看，作为一种自给自足的生活方式的呈现，其间也反映出古老乡村文明的封闭性，缺少一种文明不断启新的力量。尽管如此，其间所隐含的个体与世界的整体和谐依然是今天建构个体生命秩序的重要参照，或者说潜在地建构着现代中国人的初始生命形态。

"质胜文则野，文胜质则史，文质彬彬，然后君子"。就个体生命发展的内在秩序而言，那种人与人、人与天之间的整体和谐就是个体生命成长之质，而个体置身现代境遇中的文明浸染，就是当下个体生命之文。唯有两者协调发展，一个人才能保持内在平衡，达成生命的健全。

身处信息技术时代，我们当然不能盲目排斥它，而是要深切意识到信息技术是当下生活不可或缺的组成部分，对其合理的运用可以更好地打开儿童的生活世界，开启儿童心智。但我们同时需要意识到，人首先是自然性的存在，自然是个体成人的基础性场域，我们依然需要引导儿童不断地走向自然、亲近自然。回返自然意味着回返人与自然之原初性的和谐，即敞开儿童天性与自然的契合性，让儿童在同自然的深度接触中孕育个体生命内在的和谐与秩序，保持儿童生命的必要之迷魅以及由此而来儿童发展过程中必要的神秘感。回返自然的另一个维度是个体自身生命自然，我们需要从儿童自然存在出发，着力强化儿童体育，增进身体自然的健康，以孕育置身现代技术之中的个体生命之沛然生气；切实加强审美教育，以优美的节奏和韵律浸润儿童生命自然，增进个体生命的内在和谐，保持个体精神自由。

我们再来看一个片段：

> 这几天我几乎一半的时间是在陪辰玩。上午，我帮辰修理玩具小车，把原来不大转的轮子搞好了，辰很开心，马上夸我道："爸爸你是天才！"疫情让大家每天待在家里，也在一定程度上让大家彼此之间加深了感情。（2020 年 2 月 4 日）

2020 年初，新冠肺炎疫情暴发，大家开始在家隔离，这促进了亲子之间的交流。小儿子天天要我陪他玩，每每我刚坐下准备写文章，他就过来喊我了。我突然发现，这段时间辰对平板电脑、动画片的兴趣大大减弱了，而他最喜欢的就是我陪他玩。究其原因，一是我很有耐心，愿意在任何时候认真陪他玩；二是我有童心，跟他一起玩的时候愿意去理解他，配合他玩。我跟他一起玩，能让他充分地进入游戏情境之中自得其乐，找到属于幼儿的生命之乐。儿童在自由而随意的游戏中获得整体性的生命之乐。这种乐趣显然大大地超越了单纯看动画片或者玩电子游戏。不仅如此，当孩子不断期待我们的陪伴时，其间隐含的正是我们和孩子之间已经形成的某种生命的共契。

如果说回返自然，是回到个体成人的基础性场域，那么回到实际生活，就是回到个体成人的现实场域。我们需要充分地意识到，人机互动不能替代人与人面对面的交往生活。关注现实生活，保持儿童与现实生活的接触，参与其中并且动脑动手，避免个体过度沉溺于信息技术所展开的虚拟世界之中，这无疑是当下儿童教育，特别是早期儿童教育的关键所在。这里特别突出的问题就是如何强化儿童与他人之间的交往。我们跟孩子在一起的富于爱心与童心的交往，让儿童找到基于亲子交往的生命乐趣，同时也获得彼此之间生命的共契。人与人之间富于爱心的交往，是孕育个体人性的根基。我们需要激活儿童在人与人之间的美好生存，扩展儿童生活的意义，扩展这些意义的多维性，避免个体在开放的时代中走向自我精神的封闭。须知，最好的电视节目也不能替代祖母讲的故事，人与人在现实世界中的交往是个体成人的根本场域，使个体生命精神彼此濡染。儿童之所以沉溺于电子游戏或动画片，正是因为他们没有或者较少体验人与人在现实世界中的生动交往所带来的生命之乐。这意味着家庭场域中需要父母更多地陪伴孩子成长，学校场域中则需要积极创设交流情境，扩展师生、生生之间的生命交流，重建人与人之间自然的根本性联系。

三、超越之道：持续的对话与激励

无疑，我们今天不能回避信息技术无所不在地影响着儿童发展的问题，我们必须寻求合理的方式与路径。伴随儿童智力生活的扩展，信息技术的发展极大地提升了儿童的自主自立的可能性，我们需要切实地理解、尊重儿童在现时代的生活与发展特性，积极践行教育民主。他们起点更高，我们不能想当然地以自己的童年经历来要求现在的儿童。这意味着一方面我们需要积极融入儿童的世界，成为儿童发展的爱护者与陪伴者，同时又不过度地干预儿童的世界，由此让儿童在一种爱的陪伴与联结中走向个体自由发展。以富于爱心的生活与交往为基础而合理地利用信息技术，由此切实地引领儿童理智世界的展开，可谓今日面对信息技术的教育之中道。

辰有一点比较好，就是喜欢自己动手玩玩具，特别是组合积木。这段时间，他一直对乐高玩具爱不释手，无论到哪里都带上。路上玩具掉下来碎了，他马上就重新组合好。到哪个地方停下来，可以随时重新来组合玩具。只要有了玩具，到哪里都能玩得不亦乐乎。（2018 年 10 月 31 日）

3 岁的辰喜欢玩玩具，特别是动手组合积木，既可以彰显其好动的天性，又能在随意组合之中发挥孩子的想象力、动手能力，彰显儿童的创造个性，保持了孩子的专注力，使得孩子在一个身心合一的情境之中达成自我生命的圆满。换言之，孩子在专注于组合积木游戏的过程中，保持了一种无待于外物，也远离了电子世界的生命形式。在这个意义上，辰正是以自己频繁的动手作业而平衡了电子信息对个人的侵蚀。

教育的真谛是让孩子找到他们想要的自我，更好地成为他们自己，而日常生活世界往往是无序的，这意味着成人应有足够的教育自觉，引导儿童去发现属于他们的自我，并且擅于去激励他们，积极成就他们的自我。这是我跟女儿之间的一段故事：

> 上午去参加长沙市智慧教育行动方案讨论，回家刚进门，正好看到晴在看手机。晴妈前天换了一部新手机，把她的旧的苹果手机给了晴。这两天她应该有点兴奋，因为同伴伊伊也有了一个新的苹果手机。我随口说"晴，不要老是看手机"，意在提醒晴。晴马上反应强烈："我刚刚才看一下。"看到晴的反应，我连忙走开。很快就开始吃饭了，晴一边盯着手机看抖音，一边吃饭。我跟妈妈说过，吃饭时最好一家人坐一起专心吃饭，不要一个个都盯着自己的手机。刚刚晴对我有意见，我不好过分批评她，11 岁多的她正处在叛逆期，我平时极少批评她，偶尔说一句她就有点受不了了。

> 怎样才能既缓解父女关系，又让晴不看手机呢？我马上想起今天上午开会的主题，就跟晴沟通："爸爸想问你一个问题，今天上午爸爸参加长沙市智慧教育行动研讨会。我问你一下，你觉得上课用平板电脑好吗？"晴对这个问题有点起兴，马上接话："不好。上课还好一点，一下课，大家就各自在玩游戏。"接着，我和晴一起讨论了不好的几点理由：

很多学生一有机会就用平板电脑玩游戏，比如本想制作一个表格，学生却用它来走迷宫；效率不高，比如老师用平板电脑找学生回答问题，还不如直接喊学生；平板电脑分散学生注意力。谈了几点，父女关系迅速缓和，谈话就没有太深入了，又开始讨论平板电脑的好处。

快吃完了，晴说："我用平板电脑学英语，偶尔玩一下游戏，这样好不好？"我说："很好。"（2019 年 8 月 26 日）

这里所呈现的同样是一个日常生活中细小而典型的事件，这一事件给我们提供的启示主要有两个方面：一是儿童运用平板电脑、手机等常用信息技术设备是基本事实，我们必须尊重这个事实，在儿童面前直接发泄情绪只会造成人与人之间关系的割裂；二是面对儿童身处信息技术时代的事实，依然存在着合理引导的可能性，这种可能性的核心是我们与儿童之间如何建立相互信任和真诚对话机制的可能性。在此情境中，作为父亲的我选择的是一种温和的沟通方式，找到女儿的兴趣点，在贴近儿童而又坦诚的对话中，以对儿童理智兴趣的激励来代替对抖音的兴趣；同时，因为我对女儿的信任，使得女儿自己能在玩与学的结合中，找到合理运用电子设备的方式。

个体是在向着他人打开自我的过程中建构自我的，同伴群体对个体成人的影响是显而易见的。这意味着只要有一个同伴拥有了手机，"手机"就会作为一个事件而进入儿童的世界之中。应对的方式无非两个方面：一是锻炼儿童的心智，提升其抵抗物质欲望的内在力量。二是满足儿童的愿望，并且引导儿童合理运用。我们当然可以忽视儿童的愿望，但忽视并不会消除儿童内心的念想，一方面，我们应尊重儿童的想法，这是教育民主之必需；另一方面，由于儿童自控能力尚待发展，我们也不能放纵儿童的愿望，这意味着教育的引导是必需的，善导儿童的念想，同样是教育民主的基本内涵。

人类学家玛格丽特·米德曾提出三种文化类型：前喻文化即以年长者文化为主体，年轻人向年长者学习的文化类型；并喻文化即在同辈人之间相互学习，不再是单纯向年长者学习的文化类型；后喻文化则意味着年长者反过来要向年轻人学习，长者文化失去了主宰社会文化的能力。"现代世界的特征，就是接受代际之间的冲突，接受由于不断的技术化，新一代的生活经历都与他们的上一代有所不同的信念。"① 今天，后喻文化的特征在儿童身上就已经开始体现出来，与成年人相比，他们更能适应信息技术时代的变革，更容易接受时尚与潮流。显然，这意味着我们不可能固守成年人对儿童耳提面命的教育方式，而是必须在相信儿童的基础上展开耐心的对话，同时通过持续耐心的对话进一步加强代际之间相互的信任。"后喻文化的发展将依赖两代人之间的持续不断的对话……只有两代人之间重新建立起理解和信任，年轻人才会同意和长辈共同寻找答案。"②

四、保护儿童生命成长过程中的迷魅

信息技术无疑给儿童生活提供了极大的便利，扩展了儿童生活的想象空间，与此同时，也越来越快地打开了儿童成长的迷魅之门。有一次听一堂小学高年级语文课，教学内容跟梦有关，临近结课时老师问学生："你期待做一个什么样的梦？"有个学生回答："想考个好的学校。"另一个学生回答："只想做平平凡凡的梦。"老师问为什么，他说："做好梦醒来时会很痛苦。"我突然明白，今天的孩子越来越留不住内心的梦，确切地说，我们今天的孩子已经越来越没有梦了。孩子们生活的世界，恰恰是不断被开启的世界，是一个强光的世界，是一个没有隐秘的世界，是一个缺少内在孕育的世界，是一个过分喧嚣的世界。信息技术与大众文化的合流，在寄予儿童便利的同时，也难免把儿童生活空间过度理智化、世俗化，用卢梭的说法就是远离儿童的生命自然，孩子们就容易失去一种基于儿童的天真梦想，直白地说，就是失去做梦的可能性。

现代化的过程，本身就是世界不断地被理智化、被祛魅的过程，是不断地被体制化组织起来的过程。我们的教学也在体制化的过程中成了一种机械化的流程，成为一个个有效的模式。置身于这种模式化的教学情境之中，孩子们的生命被过度敞开，同样会弱化儿童成长过程中的必要迷魅，让儿童自

---

① 米德. 文化与承诺. 石家庄：河北人民出版社，1987：72.
② 同①98-99.

然生命过早地趋于成熟。正因为如此，我们今天的教育目标之一，就是要在这个过度敞开的世界之中，让孩子们学会做梦，保持他们自我生命成长的必要迷魅，让儿童在自然生命的打开过程中慢一点成长。

"十年树木，百年树人。"个体生命成长原本就是一个渐次打开的复杂过程。我们今天的教育就是要不断地回到百年树人的古训，回到教育的基本常识之中。近代以来的教育名家，从洛克到卢梭，他们特别强调早期教育应该是家庭教育，过早地让孩子进入学校，本身就意味着孩子生命成长私密空间的大大缩减。让孩子在家庭生活中间，就是尽可能地给他年幼阶段的成长以私密性。我们的学校教育是一个公共实践，怎样在这种体制化的、全然敞开的学校生活中多一些情感的关照，在去私密化的过程中，对每一个独具个性特点的学生多一些细致入微的呵护，这是我们当下需要思考的重要问题。

不仅如此，要呵护儿童生命成长的必要迷魅，还需要儿童生活对日常生活世界的开放性，避免儿童生活全然限于体制化学校教育所给定的生活视界之中，让儿童失去更广阔的生活世界的呵护。个体完整的生命成长不仅仅来自正规的教育，来自经典阅读，同样可能来自日常生活，来自日常生活中若隐若现的习俗与传统。繁复的日常生活世界，往往能给个体生命发展以各种细致入微的呵护，避免学校教育生活加诸个体的单一化影响。日常生活中的习俗与传统构成一个人教养的基础，失去了日常生活对个人生命世界的呵护，恰恰可能导致教养根基的破碎。一个在经典历练中获得教养越充分的人，越能理解日常生活的价值。尊重日常生活本身的教化功能，保护日常生活的基础性，这实际上是人的自由发展得以可能的重要基础。

我们今天是一个年轻人的时代，是一个鼓励创新的时代。年轻人与创新的结合意味着年长者及其所代表的习俗传统已经逐渐地在我们的社会中边缘化。以新为诉求，年轻人的生活世界更倾向于自我建构，而不是承续习惯，这意味着年轻人越来越多地具有对日常生活的反叛意识。适度的反叛性当然有利于年轻人创造个性的生长，使他们保持对日常生活世界必要的张力，但不加分别的反叛将导致他们变得自负与自我封闭，进而失去日常生活作为教养的基本资源。传统和习俗毕竟经历了漫长的光阴与人类经验的沉淀，而来自个人的武断和轻信，带来的是个人的自我膨胀，弱化其向着生活世界敞开的可能性。我们一方面要引导儿童以开放、创新的姿态面对时代与社会，同时也需要——甚至在目前更需要让他们学会适度保守、理解传统、尊重习俗，积极谋求与年长一代的对话沟通，以获得个人生命世界的细致入微的滋养，这些是促进儿童生命成长必要迷魅的重要途径。

这意味着我们需要充分地鼓励、引导儿童走出虚拟世界，多接触、投入实际的日常生活与交往，让他们更多地融入地方传统与习俗之中，让他们多听听爷爷奶奶的故事，在生动的代际交流中扩展个体的生命视野，增进人与人之间的生命联系。与此同时，在我们的课堂教学中，也需要审慎处理关于地方、习俗、传统的知识内容，避免简单地把这些非正规的知识以非科学的名义"一棍子打死"，导致儿童对日常生活世界产生内在的封闭，缺少必要的包容与吸纳。今天，我们的孩子更多地沉迷在电视娱乐节目、网络游戏等虚浮的文化世界中，他们越来越多地失去了对现实真实日常生活的感知力，也失去了对日常生活中的各种生存理念的认知，导致生命空间失去了来自日常生活诸种资源的呵护，这或许是当下青少年各种心理问题出现的重要原因之一。重申日常生活的教养意义，是当下越来越多地远离日常生活世界的教育形式所必须面对的重要主题。

五、适应与超越：保持古典与现代的张力

当今时代，信息技术已然成为儿童生活的一部分。信息技术的介入先行扩展了儿童的智力空间，提升了儿童的自主性与独立性，另一方面，信息技术的过度使用，存在着让儿童过早地从自我存在的自然状态中剥离出来的危险，也难免会导致人与人之间交流的弱化。我们需要在积极融入为信息技术所敞开的现代生活的同时，充分理解、接纳古典传统的当下意义，由此寻求一种置身现代性背景中个体生命秩序的合理建构。在实践中，我们需要着力引导儿童重视实际生活，增进人与人之间的交往，加强儿童与自然的深度联系，以富于爱心的生活与交往为基础，合理地利用信息技术，切实地引领儿童生命世界的逐步展开。

笔者曾读到这样一个关于灯光的哲学故事：

　　一位德国学者，生活在电灯诞生的时代，但他拒绝用电灯。一次外出归来，发现家中装了电灯，他大为光火，禁止家人使用。一天晚上，有阵风将他的蜡烛吹灭，他在黑暗中摸索，蜡烛又掉在地上，于是他像狗一样在地上爬着寻找。他的爱人"啪"的一声打开灯，发现蜡烛就在脚边，他恍然大悟似的说道："啊！电灯原来有如此妙用，可以帮我找回蜡烛。"

　　这个故事嘲讽了思想顽固者的迂腐，同时似乎又包含着一种隐喻：烛光象征着人类的古典智慧，是人文之光，是心智之光，这光曾经照亮过人类的历史，也照亮了人类的心灵史。但现在，在便利而强大的灯光——技术之光的照耀之下，"烛光"失落了。灯光对烛光的颠覆具有某种必然性，以技术性知识开启的技术之光给人以充分的便利，让我们在世俗生活中方便、快捷地行动。但与此同时，我们又需要看到，我们在世俗生活中的成功并不意味着生命的富足，在这里，宁静、幽微、对世界充满敬畏的烛光正好让我们去重新寻找心灵世界的出路。正因为如此，在这个隐喻的后边，还隐含着另一层描述：在哲学家的心中，灯光不可或缺的意义在于重新找回烛光，技术之光的意义恰恰在于让我们依然可能去寻求一份古典的人文之光，让我们置身现代化的处境之中，能保持一份古典的素朴与单纯。

　　如果技术的意义不是让个体生命敞开，反而是生命的遮蔽，那么技术自然就成了海德格尔所说的框架，成了对人性的制约。这无疑提示我们，置身信息技术时代，还需要充分考量教育的适应性与超越性。教育必须适应时代，充分地面向现代化、面向世界、面向未来。另外，教育也需要有足够的超越性，保持教育向着历史、文化、传统的开放性，让教育不断地返回开端。这意味着我们需要充分地理解传统与现代的关联。充分理解现代性，同时又积极接纳传统。如果说现代性是我们活在当下的基本境遇，那么传统就是让我们在当下如何确立自我的基本依据。

　　我们需要充分地意识到现代性的必然性与必要性，积极融入其中。我们不可能自外于现代文明，这意味着我们需要充分地理解信息技术的意义，决不可盲目排斥，而是需要合理而有效地运用；同时，我们也不能简单排斥传统，想当然地认为传统就与现代生活无关联，甚至相互排斥。如果说前者重在解决个体何以在现时代安身的主题，那么后者就重在解决个体立命何以可能的问题。身处信息技术时代，伴随创新型社会的来临与社会变革的加剧，安身问题无疑也面临着严峻的挑战，但跟安身问题同等重要的是立命，甚至我们何以立命的问题在现时代变得尤为迫切。信息技术时代的万花筒，容易让个体陷于自我迷失，这正是当下心理问题变得严重的重要根源。

教育的现代化无疑是今日教育发展的基本目标，但教育的现代化并不是现代教育的一切，现代教育同样需要古典之维，同样需要深深植根于文化传统之中，教育何以赓续文化传统之问题的重要性已日益突出。我们需要往前走，同时又需要不断地回溯传统。作为历史的开端已经远去，但始终以隐在的方式进入当下，成为个体成长的开端，这意味着起源的不可背离。身处信息技术时代，而又不断地回返起点，就是要以开端来甄定自我发展的内在方向，避免个体在现代性境遇中迷失自我。正所谓"告诸往而知来者"，以疏通个体生命发展的内在秩序增进个体生命的活力。如果说信息技术的滥觞存在把人连根拔起的可能性，那么重温古典教育的意义，就是要让我们在信息技术的围裹中重新找回个体生命的根基，在古典重温中重拾我们精神生命的开端。

对于我们而言，重温古典教育的基本路径主要表现在三个层面：一是现实生活层面，增进人与人的交往，特别是始自家庭的亲子交往，以富于爱心的亲子沟通引领、包容人际互动，在爱的交往中启迪现实的人性；二是自然生活层面，尽可能多地走向自然、亲近自然，在与自然的交往中敞开儿童发展的天地视域；三是文化生活层面，不断地重温古典诗教传统，在优雅的古典诗教情境中把先民的生命理想潜移默化地浸润儿童个体，同时又直接地培育儿童爱、美、和谐的文化心灵。人与人之间爱的交往、人与自然的交往、人与诗歌的交往三者的结合，正是儿童发展超越信息技术时代而重建人与人、人与天之间整体和谐的基础性生命路径。

结语
返回爱与自由的生活世界：
呵护儿童生命成长的复杂性

伴随教育竞争的加剧，当下教育越来越多地为理智化训练所充塞，越来越趋于单一化，这样的结果是生命本身的单一化与生命意义的缩减。教育必须充分面对个体生命成长的复杂性，人的生命发展的复杂性总在我们所能设计的教育形态之上。这意味着现代教育需要审慎的品格，教育必须留有余地，在个体生命发展的混沌与秩序、私密与公开之间保持必要的张力。

教育原本就发生在生活世界之中，生活世界就是教育的本源。这包含着双重意义：一是在类的意义上，教育的发生原本就是混同在生活之中，教育的独立是一个渐次发生的过程；二是在个体的意义上，个体早期的教育同样是混同在日常生活过程之中，个体接受专门化教育的过程也是一个渐进的过程。这意味着不管是类的还是个体的，任何教育形式都是以生活为初始性源泉，同时又意味着教育独立的必然性与必要性，即我们今天谈论教育绝不可能简单地混同于日常生活形式，教育的发展与成熟是既成事实。发展中的教育需要不断地回溯其本源，借以重建教育与生活的生动联系，回复教育之于生活的本源性意义，即教育就其本意而言就是发生在生活之中，并且为了生活而存在。教育回返生活世界，就是要回返到个体与世界的原初性的丰富而生动的联系之中，避免个体成长的单一性建构，保持人生的丰富性与生动张力，保持个体发展的自由与活力。

一、个体生命成长的复杂性与儿童教育的审慎之道

纵观个体成长的历程，个体①存在的初始阶段并不是一个理智化的过程，个体生长在世界之中，与周遭世界混沌地融为一体，个体寓于其中的世

---

① "个体"一词本身就是一种理智化的结果。我们这里谈论"个体"时，是在原初的而非理智建构的意义上谈论个体。

界本身就成了个体生命发展的内涵①。个体就是其所周遭的世界，离开了个体置身其中的世界的内涵，个体之为个体的内涵便无从谈起。个体意识的发生首先是基于个体置身世界之中存在的事实，个体本身就是先行地被其周遭的世界建构着。这意味着完整的个体意识正是奠基于先行的、个体与其周遭世界的全面的混沌性联系，其后，理智的生长是个体先行与其周遭世界的丰富联系的秩序化，以及个体与世界主动交往关系的进一步建构。正是个体理智化生长之初看不见的人与世界的细微而复杂的生存性联系，构成了个体逐渐生长的理智化自我的基础。"无中生有"，即从个体与世界混沌联系之"无"中生长出个体以逐渐成熟的理智来面对世界的独立自我之"有"。一个人之"无"愈深厚、广阔、细密，其"有"就愈益邃密、厚重、成熟。对个体生命之"无"的呵护恰恰是对未来之"有"的孕育。

这里的"无"指个体发展的非命名状态，也就是一种孕育着个体发展的非定型状态；所谓"有"指个体发展的定型与命名状态。"无"是"有"之生成的背景，唯其能"无"，方能充分地"有"。借用海德格尔对《老子》28章中"知其黑，守其白"一语的解释："那知其光亮者，将自身隐藏于其黑暗之中。"② 光明与黑暗、显在与隐在是如此贴近，以至"黑暗就在光明之中，显即隐地二重着"③。这种显与隐的辩证法对我们理解个体生命发展极富启示：一个人之所以显现为如其所是，正是因为其隐在地存在着，或者说一个

---

① 在作家崔卫平的文章《你的腹中有一千道光芒》中这样写道："歌德在《少年维特的烦恼》中，描写过这样一种心灵的生成和生长：'……它们向我揭示了大自然内在的、炽烈而神圣的生命之谜。这一切的一切，我全包括在自己温暖的心里，看到自己像变成了神似的充实，辽阔无边的世界的种种美姿也活跃在我的心灵中，赋予一切生机。环抱着我的是巍峨的群山，我脚边躺着道道幽谷，一挂挂瀑布飞泻而下，一条条小溪流水潺潺，树木和深山里的百鸟声喧，这种秘不可知的力量，我目睹它们在大地的怀抱中相互作用、相互影响。'这个描述中最有意思的地方，在于人的内心与周围环境之间，是一种相互映照、互相生发的关系。人是有柔性的，他/她的心灵是会生长的。歌德还发明了一对很有意义的概念：'小宇宙'与'大宇宙'。他把个体比作小宇宙，这个世界是一个大宇宙；前者像一面镜子，映射着后者，并因此而自我敞开。这个大宇宙有多么辽阔，我们的小宇宙就有多宽广；这个大宇宙有多么丰富多彩，我们的小宇宙就有多么斑斓多姿；这个大宇宙有多么深邃，我们的小宇宙就有多么富有奥秘。"人类的发展历程也是如此，人类发展首先是经历了很长的人与自然世界混沌相处的时期，然后缓慢地过渡到巫术、神话、诗歌的时代，再进入哲学、伦理自觉的时期，人类之于自然世界的理智化生存才逐渐形成。个体发展的历程正是人类发展历程的复演。

② 张祥龙. 当代西方哲学笔记. 北京：北京大学出版社，2005：198.

③ 墨哲兰. 如何回归经典//刘小枫. 政治哲学中的莎士比亚. 北京：华夏出版社，2007：165.

人显现为其所"是"的存在之时又隐在地蕴含着其所"不是"，唯有其"不是"，才可能"是"。一个人只有不断地"是"其所"不是"，才成为开放性的、生成的存在。正如《老子》所云，"无名天地之始，有名万物之母"，"有无相生，难易相成，长短相形，高下相倾，音声相和，前后相随"，事物总是在辩证关系中生长。一旦失去了无名之呵护，就意味着事物之内在可能性的全然敞开，而失去了自我孕育的可能性。同样，个体的发展一旦失去了无名的呵护，全然置于设计性的有名之教育情境中，意味着个体发展的可能性与丰富性的消解，实际上也就是个体发展中自由的消解。"有"中存"无"，"无"中生"有"，"有"与"无"各自成为彼此的背景，相互印证，又互相寓于彼此之中而获得各自的生成，构成"有无相生"的活生生的自我成长的辩证法。陈鼓应对老子"无"的阐释也很有启发："只因为'道'之为一种潜藏力，它未经成为现实性时，它'隐'着。这个幽隐而未形的'道'，不能为我们的感官所认识，所以老子用'无'字来指称这个'不见其形'的'道'的特性。"因此老子所说的"无"不是绝对的空无，"'无'是含藏着无限的未显现的生机，'无'乃蕴含着无限之'有'"①。辩证法是事物在相反相成中显现自身的方式，个体的成长正是一种有无相生、孕育着无限生机、活生生的辩证法的实践。

正因为个体生命发展之"无"是个体发展之"有"的基础，个体生命发展中的不可简单命名的内涵以及个体与周遭世界的不可简单命名的复杂联系，就构成了之于个人的教育引导的幽暗背景，学校教育对个体发展的引导正好立足于个体生命发展的诸种"无名"（难以命名）的个体与世界的复杂性之中。由此，旨在个体完整生命发展的教育，绝非纯然理智化的、显白的艺术，而是一种显白与隐微相和谐的技艺，这意味着成熟的教育技艺之不可或缺的隐微性，教育技艺不可能变成机械复制的现代技术，机械复制的现代技术本身就意味着个体生命发展背后的幽暗世界的隐匿——缺少"无"之世界的个体不过是自我封闭的、智能化的高级动物②——以及个体发展的显白

① 陈鼓应. 老庄新论. 上海：上海古籍出版社，1992：190-191.
② 成熟的教育总是指向教学语言之外的世界，指向教学空间之上的天地人神的幽暗境域，由此而激活个体身心整体在教育中的存在，使得教学活动超越单纯的智识活动而上升到面向世界而发生的个体精神建构层面。教育的过程也由此而超越纯然知识的授受，而成为个体精神成人的过程。

化，个体生命之自由孕育的消解，人成为被塑造的机器。正如法国历史学家保罗·阿扎尔所言，"明晰性是人的理性的恶而非它的德性"①，现代性对人和社会的控制正是建立在明晰的基础之上，而保持必要的模糊性，恰恰是保护个体自由，以及由此而来的教育之必要的审慎品格。

站在个体发展的整体历程来思考，儿童教育需要足够地含蕴个体与自然、世界的混沌联系，必要而恰当地延缓个体置身世界之中的理智化进程，从而给个体随后而来的理智化生存提供充分的原初性质料。与自然、世界的复杂性相比，人的理智化总是有限的，过早的理智化必然意味着先行缩减了儿童与周遭世界的复杂、丰富而细致入微的联系②。这其中包含着两个方面的问题：一是尽可能地拓展个体生命早期与世界的生动联系，让世界自然地融入个体生命世界之中，孕育个体生命的内涵；二是延缓个体生命的理智化生存，避免个体生命过早地给理智启蒙，一旦时机成熟，当然就需要加快个体启蒙的进程，促进个体理智化生存的拓展，让个体真正成为拥有完整而独立的自我意识的主体生存在世界之中。由此，个体生命发展既有着与自然世界根本性的联系，因为个体生命早期的内涵就是世界的；同时又在理智化的过程中，保持着个体置身世界之中的相对独立性，使个体生命发展为有无相生、内涵不断涌现的辩证存在。唯有如此，个体生命发展才潜藏着无限的可能性，人的自由与创造性才可能随着教育的深入而不断深化。个体发展当然是需要充分的理性设计的，我们提出有无相生的辩证法教育实践，并不是反对教育中的理性设计，而是给教育中的理性设计提供必要的限度，保持个体早期生命成长的必要迷魅，尊重并包容早期儿童成长的自然与自由③。一旦个体生命发展过早地理智化，个体生命发展就难免置于过度人为设计之中，个体生命发展的自由与自在就会极大缩减，个体生命发展所能达致的创造品

---

① 维柯. 论人文教育. 上海：上海三联书店，2007：2.

② 我们通常说的体验先于反思，其意义也是相通的。我们的体验总是大于我们的反思，正因为如此，教育需要充分地扩展人的体验。但这里讲的混沌先于秩序，是在更基本的层面谈论体验先于反思。

③ 正如深受德国神秘主义艾克哈特影响的海德格尔在其教职论文结尾所说的："神秘主义和其对立面缺一不可，光有理性主义是没有生命的，光有神秘主义又是盲目的。"（张祥龙. 现象学导论七讲. 北京：中国人民大学出版社，2011：78）

质也会大大降低。

个体成长的过程，我们常常命名为启蒙的过程。带有象征意味的启蒙（enlightenment），其基本含义是照亮，以知识之光来祛除内心的蒙昧无知。原初的生命状态是混沌的，光的进入逐渐地赋予个体灵魂秩序，个体内在空间逐渐开启，个体一点点认识世界的同时认识自我，获得自我在世的存在。个体生命发展的秩序孕育在混沌之中，原初生命的混沌蕴含着个体发展的无限可能性，正是这种混沌保持个体生命成长的必要的神秘感，由此使得个体成为自然之自由的存在，混沌与秩序之间的张力让个体生命发展充满无限活力。光的缓慢进入，促使个体生命一点点从自然之自由进入社会之自由，一旦个体混沌之生命被过度照亮，则意味着个体生命自然之自由的过度丧失，个体生命就在单一理性设计的被动成长中失去了自我充分孕育的可能性。这意味着儿童生命成长过程中表现出来的懵懂无知、具有一定神秘感的混沌状态恰恰是需要受到保护的，保护个体生命混沌与神秘就是保护个体生命成长的自由，促进个体生命的自我孕育。"过一种完全公开的、在他人注视下的生活是浅薄的，因为这样的生活虽然保持了透明度，但却失去了从某种更有幽暗之所上升到光亮处的性质。"[①] 个体生命发展的私密性，或者说个体生命发展，是逐渐地由私密而公开的过程。其中的含义有二：一是生命成长的私密性贯穿于个体生命发展的历程之中，这意味着任何时候都需要呵护一个人的生命发展的私密性，在任何时候教育都不应该是一种强迫性介入；二是生命成长的私密性本身是一个发展的过程，这个过程也就是个体社会化的过程，是私密性向公共性过渡的过程，如果说进入成年期的生命成长侧重公开性，那么早期教育的主要特征则是私密性，这意味着早期教育阶段尽可能地寄予儿童发展私密性[②]，避免早期教育的过度人为设计与敞开，过多地被他

---

① 阿伦特. 人的境况. 上海：上海世纪出版集团，2009：47.

② 我不到4岁的小女儿晴早上起来，不听妈妈话有些哭闹的时候，晴妈喜欢说要告诉幼儿园的老师，要让全班小朋友都知道她不听话。这个时候，晴就会哭得更厉害。这个年龄的小孩子就已经充分意识到被公开会让自己被别的小朋友和老师看不起了。甚至每次在快要到班上的时候，如果之前哭过，有流眼泪的痕迹，她就会马上擦干净，走到门口见到老师时，马上会表现出很高兴的样子。这提示我们，作为父母要学会保护孩子成长中必要的私密性，这其实就是保护孩子的自尊。

人听到、看到，更多地孕育儿童生命发展的必要的神秘感①，促进儿童生命内在秩序的自我孕育与生成，成为早期教育的主要特征②。

正因为个体生命发展之混沌与秩序是一个渐进的过程，教育必须在私密与公开之间保持必要的张力。这意味着我们的教育行动不仅是求动的（理智的成长是趋于动的、敞开的），也是求静的（灵魂的培育则是趋于静的，是内敛而缓慢的）。我们的教育不仅要追求个体智慧发展的必要速度，而且要保持个体灵魂生长的缓慢性，以此来孕育个体生命质地的丰富性，夯实个体的生命根基。教育实践必须在个体生命成长的混沌与秩序、私密与公开、动与静、快与慢之间保持必要的张力。唯其如此，才能在教育中保障个体生命发展的充分自由，不至于使教育变成个体生命发展的苦役。正因为个体生命发展有着逐渐开启的、免于过度敞开的复杂性与神秘性，才可能孕育出真正的个性发展之多样性。人的生命原本出于自然，自然之神秘境遇是自然世界呈现出无限多样性的根源，人类生命发展的多样性同样在于个体生命成长的必要的迷魅以及由此而来的对生命成长的敬畏。缺少了私密性的呵护与对个体生命的敬畏，生命成长便被置于强光之中，个体生命发展就不可避免地陷入外在理性设计的发展模式之中，或者被动地成为时尚与潮流的结晶。

个体成长源于混沌，又超越混沌，个体生命的混沌性向着个体的当下涌现，成为个体发展的外显秩序，个体发展由此而显现出无序与有序的辩证统一，这意味着教育需要在规范与自由之间保持必要的张力。个体生命成长一旦祛魅、失去复杂性，就不可能再有独特性。每个人必然会成为设计的对象，而不是自我生成的主体。这其中，隐含的正是儿童教育的审慎之道。如果说以自然人为基础的古典教育，其基本的品质是审慎，那么，背离自然人

---

① 范梅兰在《儿童的秘密》中写道，儿童开始有自己秘密的时候，正是一个人自我意识开始萌芽的时候，也就是一个人精神成长的起点。这意味着儿童的秘密恰恰是需要成人世界悉心保护的对象，而不是粗暴地干涉。粗暴强迫的教育会破坏儿童世界的独立性和完整性。这意味着父母需要更多地陪伴儿童的发展，并给他们必要而适度的自由空间。

② 非常有意思的是，柏拉图《理想国》"洞穴"隐喻所喻示的教育，正是从黑暗的洞穴底部开始，再逐渐转向洞穴之外的光明世界。这其中，是否也隐含着洞穴境遇作为个体发展的基础性教育历程呢？

的基础，一开始就把社会人作为教育的起点，把个体发展的图景置于社会之中，现代教育由此而体现出其根本上的塑造实质①。以学生（人）为中心的现代教育一方面极大地扩大了个人的受教育权，提升个人之社会行动的能力；另一方面，以经验为基础的科学理性对人自身的观照在提升教育效率的同时，也存在着对人自身的过度祛魅，从而使得现代教育越来越多地背离技艺的本质而成为塑造人性的技术，由此极大地削弱个体生命发展的自由。教育的"技术"原本是基于个体的混沌与隐蔽性存在而不断开启的个体之秩序与显性存在，是混沌向着秩序的涌现；换言之，教育的"技术"植根于个体存在本身的完整性，植根于个体存在之有与无、显与隐之相生相成②。一旦教育技术脱离了个体自我存在有无相生的完整性境遇而沦为以现代教育科学为基础、以教育效率为目标、以教育体制为依据的简单理性设计的工具，不再眷顾于个体存在之"无"，教育技术就不再作为个体自我生命成长与涌现的"古典技艺"，而成为塑造人性的现代技术。

近代以来的教育名家，从洛克到卢梭，强调早期的教育应该是家庭教育。洛克之重视家庭教育，是把教育看作家庭的私事，避免政治权力的僭越③，从而在保护个人自由的同时，使得家庭的非公共性成为人的自然性得到呵护的场域（尽管洛克的教育思想是立足绅士需要来培养儿童）。卢梭曾经主张把"希腊共和国的公共的学校式教育和流行于君主国家的家庭式教育加以折中"④，采取两种教育兼而有之的模式，而到《爱弥儿》，卢梭选择的则是家庭式的教育模式。过早地让孩子进入体制化的学校教育之中，本身就意味着孩子生命成长的私密空间被大大缩减。让孩子更多地成长于家庭之中，就是尽可能地呵护个体年幼阶段成长的私密性，从而让个体生命发展的细微性得到更为全面的呵护。现代学校教育本来就是一个公开化的活动过

---

① 刘铁芳．古典传统的回归与教养性教育的重建．北京：北京师范大学出版社，2010：202-212.

② 在海德格尔看来，"技术"本质上具有诗化的特征。"技术"在希腊人那里有"去蔽见真、恬然澄明"之意。换句话说，"技术"本是"创造"，而"创造把晦蔽状态带入敞亮状态，因为只有当晦蔽状态进入敞亮状态时才会有创造"。恰恰现代语境中的机器技术，将"创造活动"变成了"复制活动"，由机器而来的"标准化""程序化""一体化"遮蔽了技术的原有本性。参见：王庆节．解释学、海德格尔与儒道今释．北京：中国人民大学出版社，2009：84.

③ 塔科夫．为了自由：洛克的教育思想．北京：三联书店，2001：译者序8-9.

④ 李平沤．如歌的教育历程：卢梭《爱弥儿》如是说．济南：山东人民出版社，2008：16.

程，怎样在这种体制化的、敞开的学校生活中多一些私密性的保护，给儿童全面、细致的发展提供更多的自由孕育的可能性、增进学校教育的养育功能，实际上是对个体发展的个性与独特性的保护①。

这意味着卢梭所言的消极意义的自然教育在现时代的重要性，消极之维的自然教育必须作为现代教育的基础与背景，作为强调积极有为的现代教育的合理补充。现代教育需要给个体自由发展留下足够的余地，避免个体生命全然置于人为教育的设计与改造之中、置于现代教育的强光之中。我们力求努力地去认识、把握儿童发展的内在秩序和儿童教育的可能路径，但实际上我们所能把握的总是十分有限，我们永远也不可能——实际上也无必要——洞悉个体成长的全部奥秘，我们所能做、所应做的就是着眼于个体终身发展，抓住个体成长中的主导性质素，以引领个体发展的方向，即重在导正个体发展的方向，同时给个体自由而自主的发展留出余地、让出空间。一旦个体成长全然处于设计之中，个体成长的秘密全然解码，个体生命成长的自由就被先行剥夺，个体成长就不再是自由自主的过程，而是不可避免地沦为"被成长"。自由意味着由自己，也就是"由"（遵循）着自我生命发展的内在法则。生命发展的秩序原本就孕育、生长在混沌之中，或者说原初生命发展的混沌性本身就孕育着秩序的可能性。现代教育必须小心地恪守自己的本分，恪守自己对个体生命发展理性设计的限度，给儿童自我成长提供必要的空间，避免教育的过度。

二、儿童教育的诗性特征奠定个体经验世界的原型

童年对一个人的影响至关重要，个体发展的过程就其内在结构而言，大抵就是年少所孕育的心智结构螺旋式递进上升或平行式简单循环，即个体发展中所显现出来的螺旋式上升的开放性心智结构或循环式平行发展的封闭性心智结构。所谓心智结构，即一个人感知事物的方式以及作为这种方式支撑

---

① 刘铁芳. 儿童生命成长过程中的祛魅与附魅. 湖南师范大学教育科学学报，2011（1）.

的一个人看待他人、世界、自我的根本方式。这其中的核心，正是童年所孕育的一个人的心智结构的开放程度。童年所孕育的开放的心智结构，会导致个体在成长过程中只要有必要的条件支持，就会以童年所形成的心智结构为基础而螺旋式上升，形成开放的、不断上升的心智结构。而一旦童年期所孕育的是自我封闭的心智结构，则个体成长的过程往往是童年这种封闭性心智结构的简单循环，即使这个人今后在学业、见识上同样得到发展，但其潜在的心智结构却依然很难发生实质性的改变①。一个人成年后见识的事物越来越多，但一个人的见识并不等于一个人内在的胸怀。一个从小形成了内在开放心理结构的人，见识的扩展会让其心胸更加开阔；而一个自幼形成封闭心灵结构的人，无论其见识多少，都不过是作为其封闭心灵结构的外在缀饰，而难以成为扩展其内在心灵结构的有效资源。这里我们要思考的问题是如何在童年时期孕育个体开放的心智结构。

健全的个性是以个性的丰富性为前提。个性的独异性建立在个性的丰富性之上。独异性指涉个性的表达方式，丰富性指涉个性的内涵，用亚里士多德的说法，独异性是形式，个性是质料。如果说个性的独异性引领着个性的表达方式，那么正是个性的丰富性给个性的表达方式提供内在的支撑，离开了丰富性的个性乃无源之水、无本之木。个性的丰富性源自个体开放的心智（心灵）结构，然而个体开放的心智结构如何实现？个体年少的经历无疑奠定了一个人的基础性的心智结构。就内容而言，就是要保持对周遭多样化的生活世界的开放性，中心就是与自然、与人的生动的交往互动。就形式而言，就是要在此过程中体验安全感、爱、自由、美：安全感是一个人保持开放的身心姿态的基础条件，初生婴儿从母亲子宫来到世界，一开始寻求的正是一种免于恐惧的安全感，这种安全感构成个体在世的基础性身心状态；换言之，个体在世是以免于恐惧的安全感为一切活动的起点，个体开放的心灵状态正是以安全感为基础的。爱主要涉及交往过程中人与人的积极的情感态度以及由此衍生而来的个体对周遭事物的积极情感态度，亲子之爱尤其是最

---

① 这里的典型案例是我们经常可以看到有的人读书读到了大学甚至研究生毕业，但其待人接物、看待事物的方式跟年少时期并无二致；同样，有的人各处旅行，但到不同的地方，都不过是印证自己已有的想法，而并不会随着个人见识的扩展而同步扩展自我的内在襟怀。

初的母爱，正是对孩子安全感需要的回应，或者说爱的首要意义正是让置身于爱的关联中的个体获得充分的安全感，由此形成彼此之间的亲近联系。自由主要涉及个体置身其中的生动活泼的主体状态，其典型形式就是游戏的状态，由此使得个体身心持续愉悦地感受周遭人和事物，在获得个体积极乐观的生命体验的同时，保持个体向着周遭人和事物的奠基性的开放性心智结构。美主要涉及优雅的交往形式，突显身体感性在交往中的主导性意义，美的体验也是自由的一种实践形式。早期教育的中心由此而显明：以安全感为基础的、富于爱心的，以游戏为基本形式的、富于审美情趣的，丰富而多样的交往。

一个人懵懂初开，逐渐进入这个世界，个人初始生命阶段所周遭的世界就是这个人的生命内涵本身，他的周遭世界的秩序孕育、开启了一个人内在的生命秩序。我们把个体成长理解为一个渐次发生的过程，以现象学还原的方式来理解作为过程的个体精神发展：一个人何以可能拥有一种开放性的精神结构？如果说这种精神结构是渐次生成的，则个体早期生命发展对于个体精神发展而言，就具有现象学奠基的意义，早期教育实际上就是在孕育个体生命成长的内在精神结构。一个健全的个体，其人格特征表现为自我向世界的广泛的开放性，也就是个体与世界丰富和生动的精神性联系，由此而使得个体显现为丰富、博大的精神旨趣，其向世界开放的内在精神结构正始于个体早期生命发展。从幼年开始，培育个体开放的精神结构，形成个体积极而开放的心态，对于个体发展乃不可或缺的基础。正因如此，早期教育的意义就是要尽可能地拓展个体的生命体验，拓展个体与周遭世界丰富而生动的精神联系。

由于教育的渐进性，早期教育应该更多的是一种陶冶、孕育，而不是纯然理性的设计。扩展个体与世界的联系，首先意味着平面地扩展个体与周遭事物的联系，让世界之中的事物更多地进入个体生存之中；其次意味着立体地扩展个体与周遭事物的联系，让世界之中的事物更多地呈现其多维、丰富的意义，激活个体多种感官生动而综合的运用，从而内在地扩展个体与周遭事物的深度联系，扩展个体对世界诸种事物的想象，并由此引导个体生存在与世界诸种事物的这种生动而丰富的联系之中。如果说事物的多样性构成个体置身其中的意义世界的基础，那么事物显现在个体生活世界之中的多义性，诸种事物向人呈现出来的意义的模糊性、模棱两可性，正是构成世界意义向着个体不断涌现的源泉。个体周遭事物的多义性刺激我们的多重感官，由此激活我们对周遭事物的多重感知，周遭环境的多义性转化成个体生存意义的多样性。

个体生命与周遭世界的联系往往始于身体，成于精神，在内心世界之中抵达事物的多义性以及世界与个体的内在联系。女儿小时候跟妈妈一起选择穿什么衣服时经常说："我要穿喜羊羊的衣服。"衣服上的喜羊羊图案就成了孩子对衣服的想象，而变成一个超越实用的意义空间。显然，就一个人穿衣服而言，首先是为了保暖，指向生存，同时穿有自己喜欢款式与图案的衣服则让衣服作为意义载体而呈现其审美功能。简言之，衣服总是同时向个体呈现为保暖和审美两大基本功能，在保暖的同时强化审美功能，就是在敞开衣服这一个体切近事物的审美功能，激活个体对日常生活世界的意义感知。个人周遭的事物的多义性扩展了生活世界的意义空间，由此扩展个人生活的意义空间。这意味着早期教育的意义就是要尽可能地拓展个体基于身体在世的生命体验，以此为基础，在人与自然、人与社会、人与自我之间开启丰富而生动的精神性联系。个性的丰富性来源于年少阶段充分的身体感性，即个体感性存在的充分发展。身体感性的充分发展，在提供个性发展的充实内涵的同时，也使得个体发展具有真实的自我生命基础，确切地说，是自我感性生命基础。个体生命发展的基础形式正是人的感性生命，生命发展的丰富性根源于感性生命的充分发展。换言之，身体感性的充分发展，不仅促成个性发展的充实内涵，也促成个性发展的真实内涵。换言之，早期教育的基本路径就是充分拓展个人身体与周遭世界的感性联系，激活个体感性官能，并在此过程中获得个体感性官能的充实以及个体身心的愉悦，形成个体愉悦的生命体验。

个体与周遭世界的联系不仅是实存的，而且是想象中的，这意味着个体不仅需要建立与周遭实存事物之间的精神性联系，而且需要建立与世界之上的想象中之事物的精神性联系，由此，应引导个体不仅建立与周遭现成世界的开放性联系，而且建立与实存世界想象性事物之间的开放性联系。这意味着个体周遭诸种事物向个体显现出来的多维意义，直接孕育着个体多维地感受世界、发现世界、理解世界的能力和向着世界的开放性与敏感性，孕育个体向着周遭世界的开放而活泼的心智结构。儿童总是以想象的方式建构着世界与自我之间的生动联系，不断地唤起儿童对周遭事物的想象，实际上就成了丰盈年少个体生命内涵的基本路径。让周遭事物更多地进入个体生存之中，同时让诸种事物向个体显现其多义性，是孕育个体生命意义的基础。一旦个体周遭事物被功用化，儿童就无法从周遭世界中获得充分的想象，而只有对诸种事物的功能性认识，这意味着儿童生命世界的缩减。对于孩子而言，父亲开的是什么车，其审美意义并无本质的区别，重要的是凭借此车发生的亲子之间的生动交往，以及这种交往所展现出来的生命意义，包括爱的情感、想象力等。对于个体早期教育而言，外在物质条件并不是最关键的，重要的是一定的物质条件基础上发生的人与人之间的联系，以及建基于这种联系之上的对儿童在爱与智慧两个层面所展现出来的生命引领。我们常言的保卫童年、保护童心，其实就是保护他们以儿童的姿态与周遭事物相遇，在想象中获得个体与周遭事物的丰富而生动的、非功用化而单面的联系，以此来保持儿童世界之于理智化的成人世界的独特性。

维柯提出："好奇心是人生而就有的特性，它是蒙昧无知的女儿和知识的母亲。当惊奇唤醒我们的心灵时，好奇心总有这样的习惯，每逢见到自然界有某种反常现象时，例如一颗彗星、一个太阳幻象、一颗正午的星光，就立刻要追问它意味着什么。"[1] 在这里，维柯实际上提出了个体理智发展的三个阶段，即无知阶段、好奇心阶段和知识阶段。个体求知识能力的充分发展正是建立在好奇心之上。换言之，充分地保护年少阶段的好奇心，或者不断地返回到基于无知的好奇心的生存状态，恰恰是保持个体开放的求知能力的重要基础。

人的成长不仅仅展开于现实世界之中，同时也展开在想象与梦想的世界之中。"人们被邀不仅从他在世界中的归属出发，而且依凭他对世界构想的理想化激情去理解人本身。"[2] 如果说人在现实中的发展更多地显现出被决

---

① 维柯. 新科学. 北京：人民文学出版社，1986：99.
② 巴什拉. 梦想的诗学. 北京：三联书店，1996：99.

定性，那么人在想象世界中的生存则更多地超越现实局限而趋于美好生存，梦想赋予我们自由，"将生活的理想倾注于生活本身"①。由此，想象和梦想不仅拓展了人的成长空间，而且激活了人发展的可能性。儿童阶段生命发展的必要迷魅无疑赋予整个人生必要的想象性质素，保持生命发展之梦想与现实交融、彼此激励的内在辩证法，保持生命的活力。这意味着儿童教育不能纯然以成人世界的有用性来取舍，而需要更多地考虑儿童生命本身的想象性品质，并且充分扩展儿童的想象空间，儿童想象空间的扩展本身就内含着自我超越的可能性。"对世界有梦想的人并不把世界视为物，咄咄逼人的锐利的目光对他毫无所用。他是静观的主体。当观看的意识是观看宏大观看美的意识时，被静观的世界似乎登上了光明的阶梯。美在可感物上积极地活动。美，既是被静观的世界突出的特点，又是对观看的尊严的提高。"② 对宇宙想象的扩展无疑极大地扩展了儿童的心灵世界，让个体心灵置身宇宙之中，心灵不再被困于世界的某个角落，正因为如此，儿童想象世界的扩展本身就意味着个体心灵向爱与美的世界的跃升。可以说，儿童心灵被激活的程度，直接地就决定了一个人一生发展所能达到的精神高度。儿童教育中对有用性的强调，其结果必然是儿童自身生命的功能化，儿童的生活与行动都被寄予某种特殊的功用，儿童不再生活在自己的想象世界之中，去建构富于儿童本性的精神世界。

"童年一贯是我们身心中深沉的生活的本源，是与重新开始的可能性一

---

① 巴什拉．梦想的诗学．北京：三联书店，1996：113. 巴什拉这样写道："时常，我们的梦想在远离此地的去处寻找我们的化身，更经常的是在永远消逝的过去寻找它。……在最孤独的梦想中，当我们回想起已经消逝的人，当我们将我们热爱的人理想化，当我们在阅读中有足够的自由作为男人或女人而生活时，我们感到全部生活变为双重化——过去变为双重的，所有的人将他们理想化时变为双重的，而世界呈现出所有我们幻想的美。假若没有幻想的心理学，就没有真正的心理学、没有完整的心理学。人在其梦想中是至高无上的。"巴什拉在这里实际上是恰切地把握了梦想之于个体生存的内在变奏，在这种变奏中，"被理想化的存在开始与理想化的存在交谈"。巴什拉是要在人的阳性生存价值之中注入阴性价值准则，以求得生命的安宁、和谐。"静止、稳定、统一的生命原型，与没有矛盾冲突的生存具有的基本节奏完全相配合的生命原型。幻想着生活，幻想着简单的生活而不寻求知识的人倾向于阴性……降临于我们每个人，男人或女人的最美好的梦想来自我们的阴性。这些梦想都有不可否认的阴性标志。假若在我们身心中没有一个阴性存在，我们怎能得到休息呢？"

② 巴什拉．梦想的诗学．北京：三联书店，1996：233.

致的生活的本源。……在我们向往童年的梦想中，全部原型或将起人与世界相维系的作用，或赋予人与宇宙某种诗的和谐，全部这类原型均以某种方式恢复并增强了活力。"① 一个人年幼时期经验世界的方式实际上就构成了一个人成年后经验世界方式的原型，沉淀在个体的生命结构之中②。这种原型主要在三个维度敞开：儿童与自然的交往中的游戏与劳作以及对自然事物的想象，构成一个人与自然之亲缘性的原型，开启个人通往自然之生命向度；儿童之间、儿童与成人之间的游戏与交往构成个人与他人交往之原型，儿童时期与人交往的丰富性奠定一个人向他人敞开的生命之维③；儿童时期的童谣、故事、阅读、民俗、仪式等具有文化意味的生命体验，构成一个人向历史与文化世界开启的生命原型④。

这是电影《蒙娜丽莎的微笑》中韦尔斯利女子学院的开学典礼：

教堂式的大厅大门紧闭，教师们身穿礼服肃立于前方，正中站着校长。

一个女生走到紧闭的大门前，打开木盒，取出棰子敲击大门。

校长问："是谁在敲求知的大门？"

女生答："是我，代表每一个女性。"

校长问："你要寻找什么？"

女生答："通过辛勤工作，唤醒我的心灵，并将我的生命，贡献给

---

① 巴什拉．梦想的诗学．北京：三联书店，1996：157.

② 这种原型的生物学依据是个人年少的经验作用于每个人大脑中的神经元，形成各不相同的连接方式和集合性行为方式。"由于每个人大脑的神经元连接方式上的特点，每一种外在刺激在你心中引起的共鸣是不一样的。比如，一首与你童年经历相关联的你喜爱的歌曲，当很多年后突然听到它时，可以唤起你愉悦的回忆，此时大脑中的多巴胺就会增多，而没有这一经历的人就不会有这种感受和反应。"（梁宋平．"珍惜自己，善待他人"的生物学依据．中国科学报，2012－07－16）年少时期个体经验世界的方式实际上塑造了个人大脑中的神经元的连接方式和集合性行为方式，这种连接方式和集合性行为方式实际上就构成了个体经验世界的不同方式的身体基础。

③ 维柯也曾这样写道："儿童们的自然本性就是这样：凡是碰到与他们最早认识的一批男人、女人或事物有些类似或关联的男人、女人或事物，就会依最早的印象来认识他们，依最早的名称来称呼他们。"（维柯．新科学．北京：人民文学出版社，1986：102－103）维科这里提示的是即使在儿童时期，最初的印象也会成为儿童其后经验世界的原型。

④ 刘铁芳．乡土的逃离与回归：乡村教育的人文重建．福州：福建教育出版社，2008：88－104.

知识。"

校长说："欢迎你，那些和她追求相同理想的，都可以进来。"

于是学生们涌进了会场。

校长说：现在我宣布，新学年开始了——钟楼的钟声响起来了，被惊动的鸽子，扑棱着翅膀飞向了天空。

开学，原本是一件普通的生活事件，一旦诉诸具有神圣意味的仪式，实际上就打开了少年个体置身日常生活而通往更高意义世界的窗口。仪式总是意味着以某种庄严的情景整体性地激励个体身心朝向神圣事物，培育个体内心的敬畏感。"仪式是这样一种时刻，它通过包孕性强、极富意味、有象征意义的程序和形式，使有意义的事情或伟大的事物能够拥有一种伟大的时刻，获得神圣、庄严与尊重。仪式作用于心灵，它唤起内心的神性，使生命能经常与伟大事物交汇在一起，从而形成长久的动力。"① 进入学校场域，不仅仅是进入物质形态的学校空间，而且是进入学校所映射出来的更高的精神事物之中，唤起个体心灵生活的开放性，从而使得个体年少的读书经历超越单纯习俗的行动，而在个体对更高事物的欲求中显现出开放的精神结构。

童年之所以能够作为梦想来开启当下生活的可能性，正在于童年作为最初的生命形式所展现出来的"单纯幸福的原型"②，这意味着唯有童年作为梦想的童年而充分展开，才可能更多地保留其起源的功能，以梦想的方式进入人生之中。一旦过早地失去童年的梦想，一旦童年作为生命原型没有被充分孕育，个体生命就会大大缺失梦想存在的内在结构，从而导致个体生命的单一质态。

童年孕育了我们经验世界的原型、爱的原型。"当被沉思的童年被再放入构成人类心灵基础的伟大原型的宇宙中，从其原型价值的角度看，它就不仅是我们的回忆总和。为理解我们对世界的依恋，必须给每种原型加上一段

---

① 朱永新. 我的阅读观. 北京：中国人民大学出版社，2012：96 - 97.
② 巴什拉. 梦想的诗学. 北京：三联书店，1996：156.

童年，我们的童年。"① 一个人初始的教育阶段无疑就是要更充分地孕育这种原型，亦如苏霍姆林斯基所言，"一个人只有在其童年和少年时期同大自然和人们打交道的那种条件下使他的心灵不平静、忧虑、柔弱、敏感、易受刺激、温柔、富于同情感，他才会成为有教养的人"，所以"孩子对每一件事都应当敞开眼界、智慧、心扉"②。个体多样的情感体验是个体感于物的过程中所形成的丰富情感体验，情感的丰富意味着个体向着他人和世界关系的开启。这种经验的意义不仅在于孕育一个人丰富的情感体验，更在于孕育个体向世界诸种事物敞开的初始性心灵结构，由此而孕育个体生命发展向周遭世界无限开放的爱的原型，丰富多样的情感体验中蕴含的是个体生命的激励与唤醒。而伴随进行的早期教育过程是经由诗歌、艺术等的启迪，激励童年所孕育的原型，并使之不断丰富、扩展、上升，再逐渐上升到人类、民族文化心灵的高度。或如孔子所谈及的"绘事后素"③，童年就是我们生命发展历程中的"素"。"童年深藏在我们心中，仍在我们心中，永远在我们心中，它是一种心灵状态。"④ 童年作为一种心灵状态正是我们以后人生经验世界的基础性状态，是个体人生教化的根基之所在。苏霍姆林斯基特别强调"欢乐、幸福及对世界的乐观感受""唤起孩子具有感情上的敏锐性、注意力和感觉上的精细""深深地信赖他人""使每个孩子看到美，让他们对着美惊叹不已，把美的东西化作自己精神生活中的一部分"⑤。正是孕育个体生命初始阶段的纯粹而美好的原型，成为个体人生积极感知世界与自我的内在生存基础。一个人后天的教化程度往往是童年所奠定的原型结构的扩展、提升。

每个人最初所受教育的方向更容易决定以后行为的性质，从个体生命发

---

① 巴什拉. 梦想的诗学. 北京：三联书店，1996：160.
② 苏霍姆林斯基. 怎样培养真正的人. 北京：教育科学出版社，1992：7-9.
③ 《论语·八佾》中子夏问曰："'巧笑倩兮，美目盼兮，素以为绚兮.'何谓也？"子曰："绘事后素。"曰："礼后乎？"子曰："起予者商也，始可与言《诗》已矣！"绘彩之事乃后于或基于素之优雅质地.
④ 巴什拉. 梦想的诗学. 北京：三联书店，1996：166.
⑤ 同②5-12.

展现象学的视角而言，早期的教育或者是个体早期的教育实际上是奠定个体内在生命精神发展的结构①。这种内在精神结构就是一个人生命发展的意向性基础。所谓习惯成自然，年少阶段形成的生命习惯实际上就成了个体人生发展中的第二自然②。无疑，一个人童年期所留下的个人经验世界的方式直接地就成了个体成年以后经验世界的原型，个体童年阶段对周遭世界的经验内在地就是个体生命的内涵本身。个体童年阶段所经验世界的丰富性不仅直接地成为个体生命的基础性内涵，而且更重要的是孕育个体内向体验世界的开放性结构，即孕育个体经验（体验）世界的初始性形态，同时也就是作为个体成年之后的人生阶段经验世界的原型③。"精神生活结构中最重要的决定因素产生于童年时期……这一发现的新奇之处在于，它使我们能够把童年经验、童年印象和童年态度与往后精神生活的种种现象联结在一个不容置疑的、前后关联的模式中。通过这种方式，我们就能把个体童年的早期经验、态度和成年后的经验、态度做一比较；在这种联系中，我们有了重要发现，即精神生活的个别表现从来不能被看作是自足的实体。只有我们把它们看作是不可分割的整体的特定方面，我们才能理解这些个别的表现；而且，只有当我们能够判定它们在精神活动的总趋势和总的行为模式中所处的位置，发现个体完整的生活方式，并且真正弄清他童年态度的隐秘目标是等同于他成年期的态度时，我们才能评估这些个别的表现。"④

柏拉图强调早期好的音乐、诗歌教育的重要性："一个儿童从小受了好的教育，节奏与和谐浸入了他的心灵深处，在那里牢牢地生了根，他就会变

---

① 托克维尔在《论美国的民主》中这样写道："应当追溯他的过去，应当考察他在母亲怀抱中的婴儿时期，应当观察外界投在他还不明亮的心智镜子上的初影，应当考虑他最初目击的事物，应当听一听唤醒他启动沉睡的思维能力的最初话语，最后，还应当看一看显示他顽强性的最初奋斗。只有这样，才能理解支配他一生的偏见、习惯和激情的来源。可以说，人的一切始于他躺在摇篮的襁褓之时。"托克维尔在传达最初的时光对一个人成长的意义之时，提示我们注意如何在年幼的心智镜子中投下积极、合理的初影，从而奠定个体人生发展的积极、合理的原型。托克维尔还谈到："一个民族，也与此有些类似。每个民族都留有他们起源的痕迹。他们兴起时期所处的有助于他们发展的环境，影响着他们以后的一切。"（托克维尔．论美国的民主：上．北京：商务印书馆，2007：30）这里提示我们回到起源来思考当下教育发展的内在精神的初始性源流，同时思考如何培植新的因素来孕育民族教育精神的新生。

② 我们常说一个人本性难改，此"本性"即本有之性、本源之性，也就是个体在人生早期养成的内在生命特征，这种特征成为个体以后生活的内在基础，即作为个体成年后的内在生命结构。

③④ 阿德勒．理解人性．北京：国际文化出版公司，2000：3.

得温文有礼；如果受了坏的教育，结果就会相反。再者，一个受过适当教育的儿童，对于人工作品或自然物的缺点也最敏感，因而对丑恶的东西会非常反感，对优美的东西会非常赞赏，感受其鼓舞，并从中吸取营养，使自己的心灵成长得既美且善。"[①] 柏拉图是要通过纯美的音乐教育启迪个体优美的内心，由此而奠定个体美好内心秩序的原型[②]。体验先于认知，正是年少时美好的秩序体验为走向成年时的哲学教育对世界秩序的理性认知奠定原型。在这个意义上，当柏拉图在《斐德罗篇》中谈到教育不过是灵魂的回忆时，他其实也是在暗示我们，后天对美善事物的爱来自个体灵魂中的美善事物的原型，这种原型正好是一个人生命初始阶段被奠定或者说充分激活的，错过了这个关键的阶段，一个人是很难达到那种对美善事物的纯粹的爱之境界的。

怀特海曾经提出儿童发展的三个阶段，即浪漫阶段、精确阶段与综合运用阶段。个体发展的开始阶段是浪漫阶段，"在浪漫阶段，必须永远侧重于自由，让儿童独自去领会，独自去行动"[③]。浪漫阶段的特质就是充满乐观与美好事物的想象，对世界与自我充满迷魅。这种迷魅来自成人世界的细心呵护，来自孩子美好事物的经历与神奇事物的体验。一个人，年少时期越是充分地体验到世界的迷魅与美好，个体就越来越多地培养其自我人生的迷魅与美好的想象，而一旦个体过早地丧失了对世界与自我的迷魅之感而全然变

---

① 柏拉图. 理想国. 北京：商务印书馆，2002：107.

② 法兰西学院艺术院院士加沃蒂在《肖邦传》中，描述肖邦的启蒙老师齐夫尼认定肖邦是个罕见的小天才，他用来护持这个天才顺利成长的法宝是借助巴赫和莫扎特的"神灵"。齐夫尼禁止肖邦"去练那些时髦却糟糕透顶的东西"，只让他弹"莫扎特小奏鸣曲和令人生畏的巴赫平均律中那些容易弹的前奏曲和赋格"，让肖邦"感觉像在自己家里那样自如"，让他知道他是巴赫和莫扎特这两个艺术家庭的一分子。对此，加沃蒂总结道："是啊，人在幼时所学，那些滋养了最初萌芽的想象力、让人在童年时就一见钟情的东西，会留在记忆里，直到生命终结。"他断言，肖邦的艺术风格来源于此，"即使在最富激情的时刻，他也从未忘记过这两个古典大师教给他的写作和思考原则"（赵越胜. 沧海月明珠有泪：上篇. 读书，2012（10））。齐夫尼之所以只让肖邦接触巴赫和莫扎特的音乐，并以此让肖邦"感觉像在自己家里那样自如"，这其中的家园感是跟个人天赋及其潜在发展方向相一致的成长摇篮，以及由此而构成的个体人生可以不断回返、难以忘怀的精神起点。年幼时期的教育形塑着个体心灵的初始品质，这意味着年幼的教育恰恰是需要特别慎重的。那种把年幼的心灵完全暴露在无遮拦的、粗糙的成人世界诸种事物面前的做法，很容易导致个体心灵的粗糙与无序。成年之后再加以弥补，已经很难磨平年幼时期留在个体生命之中的粗糙印记。

③ 怀特海. 教育的目的. 北京：三联书店，2002：55.

成现实化的存在，则个体就很难成为一个内心充分、愉悦而富于意义感的人，这意味着儿童的去儿童化①。

个体早期经验作为个体发展的原型，直接影响个体人生发展的方向。原初性的美好事物的经验，成为个体人生向善向上的精神起点，成为个体精神教化的起点与动因。"为爱欲所引领的对美好事物的无限渴求，充分地激发生命的潜能，促成个体生命的开放性。"② 正如柏拉图《会饮篇》中所言，一个人总是从爱美的人、美的事物，逐渐过渡到对普遍的美的事物，最后到纯粹的美的爱③。若一个人缺少美好事物的经验——这种经验可以是直接的，也可以是间接性——则意味着他缺少关于美好事物的原初想象。个体心灵的开放性，究其根本，正是为美好事物的欲求所激励与引领的个体心灵结构，即个体持续地向着美好事物开放的心灵结构。在这个意义上，我们说一个人的自我教育，就其可能性而言，实质上就是被个体始自童年的美好事物的经历而形成的内在精神结构所教育的。缺少了这种经历，一个人的自我教育就不过是空洞而无物的口号。这意味着我们需要充分地认识早期教育的原型意义，而作为个体发展早期教育的主要场域——家庭教育，在个体发展中有着根本性的不可替代的意义，这种意义远未被我们所认识。

三、生活世界的丰富性、复杂性与儿童生命之孕育

个体成长并不是纯然理智的存在，个体精神发展的理智化本身意味着个体作为与世界二元对立的思维存在，获得的只是对世界的客观认知，是个体改造世界、征服世界的能力，而不是个体与世界的亲近。个体周遭之不足以成为个体生命发展的意义之源。我们总是在世界中思考这个世界，我们并不

---

① 时下为数不少的儿童自杀事件的发生，一个重要的原因就是他们的世界完全沦为一个为现实压力所笼罩的世界，没有儿童世界之必要迷魅的呵护，他们年幼的生命过早地意识到生活的重负，又难以承受这种现实压力之重，导致生存意义衰竭。

② 刘铁芳. 古典传统的回归与教养性教育的重建. 北京：北京师范大学出版社，2010：243.

③ 柏拉图. 苏格拉底的会饮. 北京：华夏出版社，2003：92-93.

是作为纯然理智的存在而获得个体精神的发展，我们首先是作为在世界之中的存在，世界本身就是我们生命的内涵，我们对世界的经验本身是我们思考世界的基础，优先于个体对世界的对象性感知与思维。个体精神发展的过程成为个体对世界的体验性生存的过程，让自然、世界成为个体精神的基本内涵，或者说就是个体精神本身，由此而使得自然、世界成为个体精神的基本内涵而内在地置于个体生命之中，并由此而让自我成为世界之中的存在而不是孤立的个人，由此，保持个体精神生活对世界的生动的开放性。这意味着个体经验世界的过程其实就是潜移默化地形塑个体自我的过程。换言之，个体如何与世界相遇，特别是个体成长初期如何与世界相遇，与何种世界相遇，实际上就成了个体成长的极其重要的基础性问题。

返回生活世界，意味着回到未被提纯的、非理智化的生活世界，以此来丰富、扩展个体与世界的联系，并由此而增进个体生命的丰富性与复杂性，避免置身现实经济、政治和种种时尚潮流为代表的现代性之压迫中的个体缩减为单一的存在。杜威倡导教育即生活，其基本意义正是要把教育置于广阔的生活世界之中，充分地扩展学校教育的背景，扩展教育与生活、学校与社会的普遍联系，由此而建构教育之于个体置身其中的生活世界的丰富而生动的联系，实现教育的意义。"一个行动所能具有的意义没有限制，一切视行动所处的可以看到的联系背景而定；实现联系的想象力的范围是无穷无尽的。"[①] 杜威之强调地理和历史的重要性，目的正是扩展当下教育中的个体行动的空间与时间背景，也就是延展个体行动的生活世界，以此来扩展教育活动本身的意义。杜威的教育即生活，提供了一种共时性地返回生活世界的教育路径。其实，还有一种历时性的返回生活世界的方式，也就是以个体早期充分的生活世界体验来作为其后教育的理解背景，从而使得年少时期的经验成为个体随后的教育意义扩展的基础，也就是让个体早期生命经历中所显现出来的向周遭世界的开放性作为个体成长历程中向周遭世界开放的原型。

人自身的复杂性远超出我们对人的认识，人的丰富性总在我们的理性设计之上。人的丰富性来源于人所栖身其中的世界的复杂性，现代知识体系所

---

① 杜威. 民主主义与教育. 北京：人民教育出版社，2001：224.

概括的世界的复杂性远不如原初的生活世界的复杂性。正因为如此，面对这个从遥远自然、开天辟地、世代相传而来的复杂的世界，对于我们而言，所需要的不仅仅是说明，更是而且首先是亲近、体验、理解，敞开我们生命的细微触角来感受这个世界的复杂与细致入微，由此而孕育儿童生命的复杂质地。单纯的理智学习与自主建构难以造就个体生命的复杂性，习俗、传统、民间文化，正是让个体进入、理解日常生活世界内在复杂性的重要通道。生活世界本身就是不纯的，人生也是不纯的，我们应该给孩子们提供广阔的精神滋养，在潜移默化中获得个体精神的涵养。这意味着儿童教育必须扩展自由陶冶的空间，诸如引导学生自由阅读，扩展学生对个人周遭生活世界的细微洞察，包括对民俗、民情的幽微体验，增进儿童跟自然的亲密联系，让儿童更多地以自己的方式去感受自然的奥秘，启迪对自然的敬畏。正所谓"近水知鱼性，近山识鸟音"，"一方山水养一方人"，其实践意义正是置身不同山水中不同的活动方式造就不同的人，这其间包含着双重内涵：一是当下的个体直接地置身山水之间的活动方式，建构着不同个体的生命形式；二是历史上不同山水所孕育出来的不同的生活方式的累积，即民俗、民情，同样构成当下个体成长的现实环境，潜移默化地浸润、形塑着个体的生命形式。从一段个人叙述，我们可以从中思考本土知识的教育学意义：

> 在家乡，如果生病了，首先想到的不是去看医生，而是找人"翻书"。那种书我只见过几次，对上面的内容不是很清楚，大概是"哪一天什么时候生病，是因为撞见什么鬼，应该怎么做病才能好……"。比如，用碗盛一碗水，将烧过的纸钱灰烬放在水里，往"撞到鬼"的方向走几步后泼出去；或者是请人来家里"作法"；或者是用一个鸡蛋在病人的身体周围打圈，然后把鸡蛋煮熟了，拿去给"懂行"的人看，说是从鸡蛋中就能看出身体抱恙的原因。
>
> 记得我小时候生病了，妈妈经常会拿出三根筷子，打一碗水，将筷子竖直放在碗里，然后一边竖筷子一边念叨。用我们那里的话说，生病了，大多是撞见鬼了。竖着筷子就能向鬼魂传话，一般是一边竖筷子，一边说请鬼魂不要纠缠生者之类的话。

　　每月的初一和十五，家里都会"点香"，以拜天上的各路神仙。观音菩萨的庙会那天，要烧很多香，而且那一天都要吃素食，不能吃荤的。地公地母生日时，不能下地干活，不能动土，不然地里会长虫。每年七月半的时候，要给逝去的亲人烧很多纸钱，还有一些用纸做的衣服、鞋子、轿子、车子之类在阴间使用的东西。

　　逢年过节的时候，家里煮了什么好吃的，就要把饭菜、碗筷摆好，先"喊饭"。一般是父亲主持，讲一番话，请已经过世的亲人们来用餐，请他们保佑家人平安，还要给他们烧纸、磕头，之后我们才能吃。"喊饭"在家乡是一个很重要的习俗，是生者对已逝世的亲人的一种尊敬和惦念。同时，这又是一件很严肃和庄重的事：什么菜不能用来"喊饭"，碗筷、酒杯摆放的顺序，"喊饭"的时候在场的人都要很严肃地站在一旁……规矩很多，但是人们从来都是很严谨地对待。在人们心目中，老人虽然过世了，但他们并没有离去，而是永远与生者同在，他们也要用钱，也有想要吃的东西，也要穿衣服……①

乡土社会传承下来的风俗，由于未经科学洗礼，更多地与村民朴素的生活相连，往往带有某种神秘的色彩。这种具有神秘意味的本土文化，无疑直接成为孕育年少生命的世界认知的基础，培育着他们对世界的神秘感和敬畏之心，保持儿童生活世界必要的迷魅，增进个体与自然乡土、与先祖的精神联系，促成个体早期生命的开放姿态。随着个体理智的发展，从小所经历的迷信事物本身必然地被祛魅，个体逐渐成为理智自主的存在，但年少时期孕育的开放性生存结构却足以为个体生命发展奠基。本土知识的价值也恰恰在这种迷信之中。

　　迷信是落后地方的人们在不能把握自己命运的时候对周遭的自然事物产生的虚幻的心理，以祈求获得自我生存的依据。迷信一般没有上升到普遍信仰的高度，不足以给人提供终极的意义体系，但它又真实地融入落后地区村民的日常生活之中，给他们的日常生活提供价值依据。在这个意义上，迷信其实也包含着我们所谓落后村民的生活方式，包含着这些人对于生存的期

――――――――――――――――

①　这是湖南师范大学教育科学学院 2009 级研究生姚开琼的讲述。

待、对于自然的基本态度，同时也内含着村民日常生活的基本规约，包含着村民对于自然的朴素敬畏，这中间显明的正是面对自然时朴素村民谦逊的主体性，当然也是一种不成熟的主体性的体现。由此，迷信从消极意义而言体现的是人的不能自主，从积极意义而言是一种谦逊、一种敬畏。

启蒙的知识替代习俗的知识，这中间蕴含的是外来知识对本土文化的改造，慢慢地，年轻人就不再听命于长者，开始走出乡土背景。这个发展体现了人类生活发展的必然性，最重要的不是否定这种必然性，而是积极地引导这种必然性。

我们当下的问题在于，年轻人在彰显主体意识的同时，如何避免主体性的僭越、自负和自我封闭？现代教育在走向开放之时恰恰走向了人的心灵的封闭，我们越来越执着于对自我的高度信赖——这种信赖当然是不可缺少的，但需要有一个限度——而不再对自我之上的更高事物保持开放性。这跟我们的教育过早地完成儿童世界的祛魅有很大关系。卢梭在回顾他的童年经历时这样写道："我没有上过正规的学校，我所受的教育是一代又一代流传下来的传统和格言。人们用这些传统和格言教育青年，从他们小时候起就告诉他们应当掌握的知识和具有的情操。"① 在这里，卢梭实际上是传达了一种普遍性的民间教育经验，贯穿其中的，不仅仅是传统和格言对个体成长的影响，而是那种包容着传统和格言的、渗透在日常生活之中的代际交流情境的营造。这种以生活世界为本源的交流情境本身就意味着成长中的个体置身于鲜活的传统和格言之中，向这种传统开放，并自然而然地濡染、形塑着自己的生命姿态。

我们所栖居其中的空间，并非单纯的物理空间，而且是一个文化-心理的整体性生命场域，风俗、禁忌、节日庆典，歌谣与传说，让我们的周遭弥散着先民生命的精神影像。环绕着个体生活的诸种民俗事物就好比时光隧道，把个体生存从当下引向遥远的过去，唤起个体与先民的精神联系，让个体在转瞬即逝的时间中体验永恒。个体对民俗的体验，其实是把民俗所代表的先民的生活方式置于当下日常生活的情境之中，由此而扩展个体的生活背

---

① 李平沤．如歌的教育历程：卢梭《爱弥儿》如是说．济南：山东人民出版社，2008：16.

景，从而扩展个体对生活的理解，启发生活的意义。比如，仪式特别是诸多少数民族生活中的仪式，往往是开启个体通向先民和神圣事物的通道。"在其本义上可以把仪式视为某种神话的演示。仪式总是出现在社会生活和个人生活的某些紧要关头。在最基本的意义上，仪式总是社会性的。仪式把个人生活的事情演示为社会化的。比如个人的出生与死亡、奠基仪式或婚姻典礼。涉及一个共同体可以共享的事件、共享经验与情感时，纪念仪式都是在把一个日常的事件，通常是一个不可重复的、独特的、有重要意义的事件，给予升华、给予意义，并且给予它一个神圣严肃、规范庄重的表达。仪式同样也把反复发生的事情与最初的、本源性的事件联系起来。仪式的目的仍旧在于回到初始的时刻。作为神话的演出形式，仪式是原始事件的重复。"① 就一个地方那些传之久远的仪式而言，其最初的发生总是一个重要的事件（真实或虚构的），只是我们已经逐渐忘却了这个本源性的起点。民间的仪式与节庆，实际上就是一个通往原初性神话故事的通道②，对于开启个体对先民及其神圣事物的记忆，有着不可替代的生存意义③。盛大如奥运会，之所以要有圣火传递，就是以神圣事物的在场，来唤起体育竞技的精神，避免使其成为单纯的能力技术的比拼与金牌的争夺战。在这个意义上，我们需要仪式来保护我们，来给予人类活动文化与生命的意义。带有历史与文化意味的仪式，唤起个体对神圣事物的敬畏，培育个体向着世界更高事物开放的生存姿态。"我们的时代是回顾性的，它为祖先建造

---

① 耿占春. 没有神话的仪式. 天涯，2008（2）：119.

② 这既包括被主流社会接纳的节庆日，比如祭拜先祖的清明节，也包括非主流的节庆日，比如许多地方每年农历七月半的鬼节，其实也是缅怀先人的仪式，而不仅仅是迷信。这些节庆日，实际上是以朴素信仰见长的中国社会向着先祖开启当下生存空间的方式，让先祖活在当下的记忆中，形成当下个体与先祖的共在结构，同时也获得当下个体的族群认同，并且在世代相传、后人不断追怀先人的过程中增进当下个体生存的意义感，消解个体存在的虚无，将对先人的缅怀与对今人的激励和对后人的示范、培育相结合。至于中国的农历与节气，更是直接地提示先民的生活方式，在提示后人的时令生活之时，也给物理性的时间增进了一种意义的迷魅。

③ 当然，我们今天的仪式越来越多地消解了其中的神话因素，成为世俗化的事件，这意味着仪式的教化功能在逐渐削弱，反过来提示我们仪式对个体发展的重要性。可以说，具有神圣意味的仪式是生活世界必要的迷魅之重要来源。我们不仅需要引导个体更多地接触民间仪式，同时还应在学校教育中增强仪式的神圣意味，以开启学生的心灵世界，提升仪式的教育功能，这也是今天学校礼仪教育的基本内容。一旦礼仪教育变成简单的行为规范的习得，就失去了背后神圣事物的依据，个体就很难发生内心的敬意，进而进入礼仪生活之中。

着坟墓。它写着传记、历史和批评。以前的一代代人直面着神和自然，但我们则是借他们的眼睛来看这些的。为什么我们不应该也与宇宙保持最原始的关系呢？为什么我们不应当有靠自己的洞察得来的——而非传统的——诗和哲学，以及向我们显示的宗教——而非他们的宗教的历史呢？自然以自己充溢的生命环绕在我们的四周，并流入我们体内，它用自己提供的力量邀请我们与自然协调行动。"① 尽管艾默生在这里主张活在当下的人们以洞察力直面自然，"与自然协调行动"，但从另一个侧面，他也提醒我们在温习先民留下的神圣事物记忆的过程中，"和宇宙保持最原始的关系"。

不乏神奇事物因素的习俗、民俗、传统、民间故事等，可谓个体经历的生活世界的纵深化，成为生活世界中的新奇事物不断地向着个体涌现的精神窗口，构成个体成长过程中重要的生命体验和精神资源，而其中的代表性场景，自觉不自觉地就成了个体经验世界的原型。"习俗是仪式的不假思索的产物，是仪式的通俗化意识，正如仪式是神话的通俗演示，习俗是神话的堕落，习俗也是神话的踪迹与重描。"② 正是以民俗、民间故事为代表的民间文化，营造出个体生存之日常空间的意义性，也就是让日常个体浸润在一个富于意义的日常生活空间之中，由此而在开启个体向着乡土和民间社会的开放性的同时，培育个体感受世界的基本方式，启迪个人生活的意义感。

周作人曾这样说道："我觉得中国民众的感情与思想集中于鬼，日本则集中于神，故欲了解中国须得研究礼俗，了解日本须得研究宗教。"③ 卢梭在讲到游历时，特别提出要到偏远地区，因为那里保存着淳朴的民风民俗，能让儿童真正了解真实的社会。乡土与民间孕育着个体生存之根④。当乡土

---

① 艾默生．艾默生演讲录．北京：中国人民大学出版社，2004：175.
② 耿占春．没有神话的仪式．天涯，2008（2）.
③ 丸尾常喜．"人"与"鬼"的纠葛：鲁迅小说论析．北京：人民文学出版社，2006：7.
④ 鲁迅的生命历程可以视为扎根乡土与民间文化的范例。鲁迅的死亡体验、童年民间记忆和他的文学创作之间有着难以割舍的丰富联系，或者说童年故乡记忆和民间记忆构成了鲁迅的生命底蕴，这两大记忆的核心，"一是和'乡下人'即底层民众的精神共鸣，一是和民间艺术（特别是民间戏剧）的血肉联系"，它们构成鲁迅"生命成长的'底气'，是他的'根'、他的'精神家园'"。正如鲁迅在《阿长与〈山海经〉》结尾的长叹："仁厚黑暗的地母啊！愿在你怀里永安她的魂灵！"（钱理群．钱理群中学讲鲁迅．北京：三联书店，2011：96）在这里，鲁迅实际上就提示着乡土和民间作为个体精神家园的终极意义。

与民间在社会生活中日渐退出，意味着个体周遭日常生活空间的物化与虚化，日常生活的教养功能急剧萎缩，这直接地意味着个体日常生活意义多样性的衰减，复杂而丰富的日常生活世界不再具备全面孕育个体生命意义的功能，无根化生存越来越多地成为当下个体生存的基本状况[①]。返回生活世界，就是要开启个体向着繁复的乡土与民间世界的开放性，让个体精神在与丰富的民间世界的接触中获得规范知识难以企及的种种精神滋养，在保持个体精神生活的开放性的同时，充分扩展个体生命的精神底蕴，给置身现代、后现代之复杂情境中的个体提供作为参照的恒久性的精神资源，即作为不断扩展的现代文明的他者，来给个体精神发展提供异质性的文化资源，以促成个体精神的开放性。这里需要说明的是，我们应该看到习俗与传统对于个体发展意义的复杂性，而非一味地美化民间，甚至固守传统[②]：一方面，我们要鼓励孩子追寻自己的梦想，发展个性，自由创造；另一方面，需要他们保持对习俗、传统的必要的开放性，扩展自我生存体验，丰富个体生存资源，保持自我生命的充分张力。综合起来，就是要在保持对习俗与传统必要的温情与敬意的基础上，促成个体独立自由的个性与人格。关键在于，如何处理好两者之间的关系，避免习俗与传统对个体人格独立性的淹没，也避免因对习俗与传统的简单抛弃而带来的个体人格的自满与自负。具体实践路径就是个体置身生活世界之中的自由陶冶，而非强迫灌输。这其中的关键点是个体自由，即不管是寻求对传统与习惯的超越，还是寻求传统与习俗所蕴含的资源，目的都是在孕育、强化个体自由，而不是相反；换言之，我们需要在肯定个体自由的前提下培育孩子对

[①] 20世纪后半叶以来中国社会现代化的过程，其实是一个民间社会日益衰退的过程，我们现在已经少有民间故事，孩子们的日常生活不再为民歌、民谣、民间故事所萦绕，更谈不上民间的创造，到今天甚至我们可以说是少有民间了。民间的衰亡意味着日常生活中的教化性已经大大地降低，也就是日常生活的教养功能已逐渐弱化。

[②] 鲁迅和周作人都对"鬼"与国民性相连而有着深切的反思，"'鬼'几乎以'国民性'或'民族劣根性'的同一语被使用，同时，他们都对精神性的遗传表示恐惧"（丸尾常喜．"人"与"鬼"的纠葛：鲁迅小说论析．北京：人民文学出版社，2006：233）。鲁迅对"鬼"的世界的关注最终是为了探求"'鬼'变成'真的人'的'翻身'之路"。

传统与习俗的必要的温情与敬意①。

生活世界究其实质而言，是人与人自由自在地交往的世界，或者说非设计的人与人交往的世界。每个人的成长有赖于个体生活中遭遇的他人，可以说，个体生活中遭逢的其他一切人都是个体成长的条件与资源。木心曾讲述中国人的故事传统，"小时候家中用人、长短工，都会讲故事，看上去很笨，讲起来却完全沉浸在故事里，滔滔不绝"②。讲故事是民间生活与代际交往的重要形式，可谓生活化的教化形式的典范。回返到生活世界教育学，就是要让个体成长不断地回返到原初的人与人自由自在交往的世界之中，就是要提升日常生活中每个人的教育自觉，即我们每个人都作为个体成长的他者而进入青少年个体成长的历程之中，成为他们生命建构的一部分③。不仅如此，原初性的教化形式正是学校教育中规范化的教育形式的基础，包括规范化学校教育向着民间原初性教化形式的开放性，是保持学校教育活力的基本路径；换言之，任何时候，我们都需要意识到，学校教育的基础形式其实就是富于爱心的师生之间的生动交往。

---

① 作为近代启蒙教育思想家的洛克在家长该如何教育孩子上也存在着某种"暧昧"：一方面他不希望家庭变成一个家长专制的王国，由一个高高在上的权威家长统治和奴役子女，更不希望这种家长制成为政治社会的统治原则，所以他不遗余力地依据自然状态和自然权利批判费尔默的家长制；但另一方面，洛克也不主张把家庭变成一个只讲权利和义务、不讲情感的契约王国，使父母和子女都沦落为原子式的孤独个体。洛克希望家庭教育能够实现这样的目标：在肯定家庭之理的前提下，培养孩子的家庭之情；在肯定权利的前提下，塑造孩子的德行；在肯定自由的前提下，教导孩子对权威的尊重。（吴增定.利维坦的道德困境.北京：三联书店，2012：286-287）这提示我们，思考今日中国的教育问题，需要充分地考虑其中的复杂性，问题把握以及解决问题方式的过于简单化往往是更多问题产生的原因。这也是我个人思考中同样不乏暧昧之处的原因所在。

② 木心，陈丹青.1989—1994文学回忆录：上.桂林：广西师范大学出版社，2013：359.

③ 陈丹青在回忆木心的讲课以及讲课中谈及的木心童年经历时这样说道，"讲述《圣经》时，木心念及早年与他频繁通信的十五岁湖州女孩，使我们知道早在四十年代的浙江小城，竟有如此真挚而程度甚深的少年信徒，小小年纪，彼此辩说新旧约的文学性。提到《易经》，他说夏夜乘凉时教他背诵《易经》口诀的人，是她母亲，抗战逃难中，这位母亲还曾给儿子讲述杜甫的诗，这在今日的乡镇，岂可思议。他忆及家中同佣对《七侠五义》之类的热衷，尤令我神往，他的叔兄长辈居然日日去听说书，此也勾连了我的幼年记忆：五六十年代，沪上弄堂间尚且隐着简陋的说书场所……这一切，今已荡然无存，而木心的记忆，正是一份民国青年的阅读史。"（木心，陈丹青.1989—1994文学回忆录：下.桂林：广西师范大学出版社，2013：1094）这里呈现的其实不只是阅读史，更是活生生的生活史，确切地说，是包含着阅读的生活史。正是年少阶段遭遇的一起谈新旧约的湖州女孩，教授《易经》口诀、讲述杜甫诗歌的母亲，热衷《七侠五义》的仆佣，去听说书的叔兄长辈等等，构成了激励木心阅读兴趣的日常生活中的重要他者，潜移默化地引领、形塑着年少阶段木心的生命形态。

正因为教育的不可过度人为设计，我们的教育学不能停留在基于科学设计的教育学，我们必须面对教育学理性的限度，由此而重新审视生活世界教育学，理解口耳相授的教育传统，重新理解童话、神话、民间故事的教育意义。正是在这个意义上，蕴含在生活世界之中的民间性的神话、故事、游戏，对扩展个体生命与周遭世界的开放性联系，都有着不可替代的、根基性的意义，它们之于设计性教育形式的补充作用就充分地显现出来。人类精神发展大致经历了巫术、神话、诗歌（悲剧）、哲学、科学阶段，与此同时，神话、诗歌（戏剧）、哲学、科学作为人类精神生活的基本形式，又共时性地存在于当下人类精神生活结构之中。个体精神发展同样需要历时性地经历神话（包括童话）、诗歌（包括音乐、文学）、科学、哲学的发展，并且让神话、诗歌共时性地成为个体当下精神结构的基本内涵，由此而孕育个体生命之"无"——以神话、诗歌为基本内容的早期教育是孕育个体生命之"无"的基础，而个体成长路径中诗性教化的必要，同样是启迪、蕴含个体生命历程之"无"，由此获得个体可见人生背后之空无的充实，孕育个体生命的丰盈与无限的创造可能性。神话、诗歌、童话，包括民俗、民间故事等，其实都是唤起儿童内心之中的敬畏感，从而赋予个体早期生命必要迷魅的卓有意义的教育形式与生活方式——与其说是教育形式，毋宁说是生活方式，即让神话、诗歌、童话、故事等成为个体生活的基本形式。不少民族都有着优秀的民族史诗说唱传统和杰出的说唱艺术家。民族史诗的传唱就是把民族经典、英雄传说带进日常生活，在唤起对古典英雄的仰望中，开启平民个体向着民族之源开放的精神通道，避免日常生活世界的虚空。

四、返回生活世界的儿童教育学：保护个体生命发展的可能性与自由

人的发展总是意味着"在发展之中"，人的发展不会止步于某种固定的模式，哪怕是看似完美的模式，人的发展在任何时候都不应该被某种单一的模式全然规定，任何时候都需要保持个体发展的开放性，保持个体超

越自身的可能性，其实质就是保护个体生命的自由。我们之所以强调个体发展中不断地回返到不纯粹的、复杂的生活世界，就是期待个体在当下的生活世界之中受到广泛的陶冶，期待开放的心智。个体发展中所显现出来的螺旋式上升的开放性心智结构与循环式平行发展的封闭性心智结构，不仅仅是历时性的，即个体成年的心智结构往往直接地依赖于个体生命初期所奠定的心智结构的原初形式，即原型，而且也是共时性的，或者叫空间性的，即个体在当下生活空间中所形成的一个人与环境的开放或封闭的关系结构，同样是一个人置身不同的生活空间中个体与环境之关系结构的原初形式。回到当下，努力形成个体与周遭环境的多样性联系，就是孕育置身当下情境中的个体的开放的心智结构与心灵之于周遭事物的敏锐性。

现代化的过程，本身就是世界不断地被理智化、祛除迷魅的过程，也就是浪漫的想象力被理智化替代的过程。日常文化空间塌陷，习俗性教化空间随之日渐萎缩，一个人从小长大越来越多地沦为被设计的成长。我们生活在越来越祛魅的时代，这就意味着个体生存的意义越来越多地转向人为建构，而不是日常生活中的自然浸润。我们的教育教学实践也在体制化的过程中成了一种机械化的流程，成为一个个科学、规范、有效的模式。置身于体制化、模式化的教学情境之中，孩子们的生命被过度敞开，失去了基于儿童自身特点的必要迷魅，儿童生命世界难免被割裂。"人们以社会性填塞孩子。人们按已变为平稳的人的理想来准备他的生活……童年——这可塑的面团！——被推至这条线上，以使孩子步别人的后尘。于是，孩子进入家庭的，社会的，心理的矛盾区域。他成为早熟的人，可以说这早熟者处于受压抑的童年状态。"① 返回生活世界教育学，就是要在这个世界过度敞开的背景之中，给予孩子们生命发展更多自由陶冶的可能性，重新孕育个体生活世界之魅，让儿童置身其中的世界多一分模糊性、多义性，让孩子们学会做梦，以保持自我生命成长的必要迷魅，让童年生命得到充分孕育。

个体成长的过程是个体求知于世界、获得真知的过程。世界往往以两

---

① 巴什拉. 梦想的诗学. 北京：三联书店，1996：135.

种姿态向个体显现，或者说个体以两种姿态去接近世界之真：一是想象
的，一是认识的①。真也以两种方式呈现：一是想象之真，二是认识之真。
如果说认识之真的基本特点是可证实的，那么想象之真最重要的特点就是不
求证实；认识之真，在于证实对象的客体性，想象之真就是要建立人与事物
之间的亲近关系。对于儿童而言，想象之真的意义远大于认识之真②。换言
之，个体发展，是由想象之真的获得逐渐过渡到认识之真的过程。不仅如
此，两种真既是历时性的，又是共时性的，即认识之真的获得，往往也是建
立在充分的想象之真的基础上，或者说越是充分的想象之真，越可以促进认
识之真的扩展与深化。这意味着就个体教育而言，任何时候都需要充分激活
个体对世界的好奇与想象，在想象的世界中孕育世界之真，由此而奠定个体
理智地认识世界的基础③。这种真不是对事物的静态说明，而是对人与事物
关系的显现；换言之，这种真的根本意义乃在于个体与所指涉事物的亲近关
系的建立。立足关系思考，也就是立足个体成人的视角。这或许可以解释游
戏、童话，乃至神话之于个体发展的本体意义。游戏是在看似无意义的构想
性情境之中孕育儿童对世界的美好想象，童话是儿童想象之真的呈现，神话

---

① 马丁·布伯在《我与你》中提出人与世界的两种关系，一是我-他关系，一是我-你关系。我-他关
系展示出来的是个体对他人和世界的认识、控制、改造关系，"为了自我生存及需要，人必得把他周围的
在者——其他人，生灵万物——都当作与'我'相分离的对象，与我相对立的客体，通过对他们的经验
而获知关于他们的知识，假手知识以使其为我所用"；我-你关系显现出来的则是个体对他人和世界的欣
赏、理解、对话关系，"当我与'你'相遇，我不再是一经验物、利用物的主体，我不是为了满足我的任
何需要，哪怕是最高尚的需要（如所谓'爱的需要'）而与其建立关系。因为，'你'便是世界，便是生
命，便是神明"。人生世界中，同时依托两种关系。正如布伯所言："人无'它'不可生存，但仅靠'它'
则生存者不复为人。"（布伯. 我与你. 北京：三联书店，2002：30）我-你关系作为一种本真关系的呈
现，其所蕴含的真是一种想象之真，而非认识之真。

② 刘小枫在《走向十字架的真》一书的前言中写到信仰之真："此时的真理多矣：科学的真理、哲
学的真理、历史的真理、'放诸四海而皆准'的社会真理。这些真理我们已领略甚多，它们都是人构造的
真理。十字架上的真不是人构造的真，我们可以走向这启示，并见证这种真。"（刘小枫. 走向十字架的
真. 上海：上海三联书店，1995；前言1）想象之真主要包括审美之真与信仰之真，如果说个体人生以
审美性的想象之真为基础，进而获得认识之真，最终又回复到信仰性的想象之真，也就是在认识之真占
据、战胜想象之真时，恰恰想象之真又在更基本的层面包容着认识之真，那么，这里既显明了想象之真
对认识之真的包容性，也就是作为基础支撑着认识之真，又最终以信仰之真超越认识之真，显示出想象
之真在终极层面对认识之真的超越。

③ 成人本位的教育立场，就其实践形式而言，是以成人对儿童的权力的优先性来干预儿童世界，
由此使得儿童先天地处于被动、弱势的地位；就其内容而言，是以成人世界中习惯化的认识逻辑来替代
儿童世界的逻辑，由此把现实化的行为方式加诸儿童，剥夺了儿童在自我想象世界之中的自由自主。

是人类童年的想象之真的呈现。从儿童成长的视角来思考游戏、童话、神话的教育意义所在，是不可或缺的教育主题。

个体发展总是在两个层面展开，一是爱的孕育，二是智慧的生长。爱的孕育指涉个体向着他人与世界的亲近的意向性，使人与人彼此连接，在个体与他人、世界的关涉中，激励个体的属人性；后者指涉个体认识世界、改造世界的能力，其中心就是个体积极的思维与创造力。如果说个体思维的启迪与智慧的激发需要不断地适应社会的变化，爱的情感的培育则需要个体不断地回返到爱与自由的生活世界和生活形式，以人类、民族积淀起来的古老智慧，包括民间生活智慧，来孕育个体的属人性。我们今天的社会无疑将越来越多地遭遇技术的更新与未来的不确定性，这意味着我们的教育确乎需要突显创新能力的培养，以促成个体去适应日益变化的社会，但与此同时，社会变化越快，我们越需要保守人之为人的基本价值，孕育个体的属人性。我们今天的教育需要越来越多地激励个体的创造力，让个体富于个性，充满活力，我们也同样需要甚至更需要让个体更富于人性，对他人和世界充满爱。人类的教育总是需要推陈与出新并举，保守与创新平行。返回生活世界教育学，就是要突显个体成长的基础性境遇，以促成个体人性的丰富性。

我们生活在一个以效率为特征的时代，伴随教育学的理智化进程，教育越来越追求个体生命发展的速成性，学得越早、越快、越多就是越好，对发展速度的追求使我们失去了对发展本身的内涵与价值的思考，我们渐渐远离"十年树木，百年树人"的古训。这样的结果是个体从小就被快速地置于理智化训练的教育模式之中，有"教"而无"养"。儿童被教以丰富的知识和种种可测量性技能之时，儿童自身的生命内涵与生命意义被大大缩减，有知识存储而少文化陶冶，多聪明与机智而少智慧与情怀，由此而来的另一个结果是生命发展的过早定型，个体生命发展的自由被极大缩减，由此也大大缩减了成年以后的创造力以及生命发展的可能性。重提返回生活世界教育学，是向生活世界教育学的不断回返，来保持理智化教育学之于生活世界的生动张力，保持生活世界对儿童生命发展的全面孕育，扩展个体生命发展的可能性，避免理智化教育的自负以及单一理智化模式形塑出来的千人一面，回复个体生命发展的自由与人的多样性。

　　教育原本就发生在生活世界之中，生活世界就是教育的本源。这包含着双重意义：一是在类的意义上，教育的发生原本就是混同在生活之中，教育的独立是一个渐次发生的过程；二是在个体的意义上，个体早期的教育同样是混同在日常生活过程之中，个体接受专门化教育的过程也是一个渐进性的过程。这意味着不管是类的还是个体的，任何教育形式都是以生活为初始性源泉；同时又意味着教育独立的必然性与必要性，即我们今天谈论教育绝不可能简单地混同于日常生活形式，教育的发展与成熟是既成的事实；以前面两层意义为基础，发展中的教育需要不断地回溯其本源，借以重建教育与生活的生动联系，恢复教育之于生活的本源性意义，即教育就其本意而言就是发生在生活之中，并且为了生活而存在。生活世界作为本源性的世界，本身就是个体教育得以可能的基础性世界。本源意味着生长、涌现。教育向着生活世界的返回，意味着教育实践过程向着本源的应答。作为本源的生活世界向着教育世界的涌现与教育世界向着生活世界的回返、回忆，构成个体生动而完整的、富于意义的教育生活世界。

　　个体德行的生长主要来源于日常生活中的伦理渗透，尤其是习俗与传统中的伦理资源的潜移默化。以此为基础，逐渐获得个人的道德自主性，进入逐步获得自我反思的意识与能力。个体教养就其实质而言，可谓民族记忆的存留与复活。作为民族记忆的不断存留，意味着历史传统在日常生活世界中的广泛沉积，个体不断地返回到蕴含着伦理教养精神的日常生活世界之中，自由地浸润在日常生活世界之诸种教养性资源之中，由此而让民族记忆复活在当下个体生命之中。个体充分吸纳民族、地域的教养性资源，获得个体德性的陶冶与自主发展，是个体德性发展的基础性形式。这意味着外在伦理教化应该是审慎的，或者说外在的伦理教化应该保持向日常生活世界的教养性资源的充分的开放性。从个体小时候开始的过度伦理灌输，一方面会阻隔日常生活中的伦理渗透，弱化个体在习俗与传统中的伦理浸润；另一方面会阻隔个人自主意识的生长，从而弱化个人置身生活世界之中的哲学自觉与自主性发展。这样，个人向生活世界开放的可能性就会大大降低，反过来会导致个体向着日常生活世界的封闭性，导致日常生活伦理教化的虚空。这意味着一个人成长的早期，需要尽可能避免教育的过度，尤其需要避免灌输型教育，充分扩展生活世界本身的陶冶，以此来切实促进个体自主性的生成，促成个体发展自由的实现。

现代教育是随着人类生活的日渐理智化而组织起来的，教育在越来越多地远离日常生活形式的同时，也越来越多地远离了活生生的生活世界教育学，成为理性设计的教育学，适应当下社会需要的教育功能被极大地强化，生活世界教育学的隐在性、随机性让位于显在的、制度化的教育形式，生活世界的普遍的教养性功能逐渐走向弱化，爷爷奶奶的故事伴随他们在年轻一代生命成长中地位的逐渐边缘化而慢慢消逝，教育成为适应现代社会生活的工具，而不再是自我人性的圆满——尽管这个目标在任何时代都是不完整的——随着教育体制的渐次深入，现代教育越来越多地失去了日常生活对个体人性发展的广泛而细微的滋养。

今天，儿童所生活的世界，恰恰是不断被开启的世界，是一个过分张扬生命的改造与设计、对生命缺少敬畏的世界，是一个缺少隐秘的强光世界，是一个缺少了内在孕育的世界，是一个过分喧哗的世界。我们今天面临着一个大众文化与消费主义合流的时代，当并不成熟的大众文化过度地把孩子们的生活空间理智化、世俗化，加上家庭、学校加在孩子们身上的过重的负担，孩子们梦想的空间被大大挤压，且趋于早熟，以至于儿童阶段并没有充分地展开童年就被置于现实化的人生之中。返回生活世界教育学，就是要在理智化的教育情境中增添一分必要的迷魅，让孩子们更多地回到话语、历史、神话、宗教、仪式、童谣等建构起来的原初的生活世界，从中获得广泛的陶冶和深度的养育，从而保持对周遭物质世界的必要的对抗性张力，由此给个体人生发展提供基于个体生存自身充分孕育的内在资源①。

正如雅斯贝斯所言："人的整体远在任何能设想的客观化的事物之外。……人的存在可谓是'敞开的'。人总是超过了他对自己所知或所能知的一切。"② 任

---

① 这意味着我们需要重新理解原发性的游戏，也就是包容在日常生活世界之中的、原初性的游戏，比如各种民间表演、放风筝、武术、地方性童谣，甚至过去儿童们喜欢玩的掷石头的游戏，它们所体现的是生动的人与人、人与自然、人与神秘事物的联系。这种游戏对于人为创制的技术性游戏，特别是电子游戏，具有基础性的不可替代的意义。

② 雅斯贝斯. 雅斯贝斯哲学自传. 上海：上海译文出版社，1989：21，19.

何人为的教育设计相对于人的发展的完整性而言总是有限的，个体生命成长的复杂性远在我们的认识与设计之上，教育所要培养的人，绝不是单一的、契合于既定模式的、驯服的存在，而总是有着可能性和自由维度的人。"自由不仅仅在于意识到或觉悟到人和事物本来处于自由自在之中，更在于处于自由自在的法则而守护这种自由自在本身，即重要的不是'符合'自由自在的法则，而是'出于'这个法则并坚守这个法则。只有这样，人的自由与尊严才能得到根本和普遍的尊重，人才是人，人才能成为目的，也才能真正成其为人。"① 人的自由不是认识论上的命题，而是存在的方式本身。人的自由发展绝非教育给定的，而是基于个体自身生存的自由，即个人置于生活世界之中的、自我人生发展的自在与自由。返回生活世界教育学，就是在有无之间、私密与公开之间、诗性与理性之间、教与养之间，在个体生命的祛魅与迷魅之间保持必要的张力，避免个体在教育情境中被简单设计与控制，以及由此而来的个体之功能性、工具性的发展姿态，其根本指向正是要保护个体生命发展的无限可能性与自由之维。

---

① 户晓辉. 返回爱与自由的生活世界：纯粹民间文学关键词的哲学阐释. 南京：江苏人民出版社，2010：23.

后　记

　　就在 2008 年 2 月的一天，我的女儿晴出生了。这一天于我便成为十分特别而重要的日子。自此，我的人生发生了重要的转变：我成了一个父亲，一个有女儿的父亲；自此，我生活的一切几乎都跟女儿不可分割，用友人张文质兄的说法，就是长着一副女儿父亲的模样。我对教育的思考从此都会或多或少有了女儿生命的印记；反过来，我也从女儿成长的点滴中思考教育的本质和意义。

　　我忙里偷闲，坚持把女儿全部成长过程中有意思的情境记录下来，编成女儿的《成长日记》。因此，对我而言，关注与思考儿童教育成了一件十分愉快的事、一种油然而生的灵感涌动、一种自我生命的发现与进一步敞开。我相继发表在《教育研究》上的两篇文章《返回生活世界教育学：教育何以面对个体生命成长的复杂性》和《爱与丰富：重新认识基础教育的两个基本维度》，其创作灵感均源于女儿的成长故事。

　　2015 年 8 月，我的儿子辰出生。儿子的成长确实带给我全然不同的体验。如果说我的女儿一直表现出乖乖女的成长姿态，那么我的儿子则有着典型的好动性格。同样，基于对儿子辰的成长经历的发现，我又发表了《安全感的教育意蕴及其实现》和《从游戏到审美：教育引领与儿童美好生活建构》。

　　逐渐地，我开始有了一种想要撰写儿童教育哲学著作的冲动。偶然的机会，中国人民大学出版社王雪颖女士同我约稿。我本来是计划慢慢来，不着急，等孩子们长大一点再通透地写一部完整的作品，或许也会写得更好一点。但雪颖女士一直坚持约稿，感动于她的热情与韧性，也心动于她在国家出版基金项目上的付出和成功，故在去年上半年答应下来，且马上签约。白纸黑字，不好抵赖，只有尽力完成。

尽管有了不少的积累，但要真正写成一本体系大致完整的书稿并非易事。丛书的另外几位学界大咖的作品早已付梓，而我的书稿尚在腹中，焦急之心渐滋渐长。2020 年新冠肺炎疫情暴发后我休息在家，便开始利用这段时间，集中精力，在女儿和儿子的《成长日记》的基础上，梳理出书稿大致的提纲，并把现有的研究整合在一起，于是就有了本书的雏形。

本书认为，个体成人就其开端而言，就是一个整体。本研究力求回到个体成人的开端，从儿童成长的细节中，发现个体成人之初始形态，并着力分析构成个体成人初始形态的核心质素，以及这种质素何以可能的儿童教育路径，最后再进一步提炼出儿童成长与教育的核心机理。

本书第一章，首先从女儿晴的成长历程中析出儿童如何一步步敞开个体成人初始形态的基本过程与教育质素。第二章以晴和辰的成长故事为基础，阐释儿童成长的整体性与儿童教育的蕴含。第三章紧接着第二章，深度分析儿童生活的展开及其对美好事物的体验何以成为儿童生活与教育的中心。第四章分析儿童生活展开的内在秩序，从构成儿童美好生活的要素出发，分析家庭在儿童早期发展中的根本意义。第五章分析了作为儿童成长与教育的核心条件之安全感的教育意蕴，着力阐释安全感何以是儿童成长的起点与儿童教育的重心。第六章从爱与丰富两大核心要素出发，分析儿童发展的内在结构与儿童教育的可能性。第七章主要讨论信息技术时代的儿童教育处境问题，思考儿童教育何以回返初始性境遇，主动适应并超越。结语部分意在提出今日如何深度地重视儿童教育，一方面把儿童教育置于个体生命成长历程之中，思考儿童教育的奠基作用，也即作为原型的意义；另一方面把儿童教育置于整个生活世界之中，突显生活世界的丰富性和复杂性对儿童发展的多样意义，避免个体成人的简单化，保护个体生命发展的可能性。

写一本像样的儿童教育哲学著作，一直是我的梦想。书虽然写出来了，但梦想还将继续。书稿前面几章写于不同的时间，且都是独立成篇，这使得书稿在大体思路上接近于一个整体，也有些许还算精彩的论述，但文字难免有不连贯的地方，只能留待今后有机会修订。毕竟，我理想的写作愿望是将书稿梳理得更像一个有机的整体。

　　万事开头难，万事中最重要的一件事无疑是人的成长与教育。儿童教育既是重中之重，又是难中之难。这一本薄书的诞生，只期待引导更多人用心地爱孩子，切实地关注孩子的成长，关注我们时代的儿童教育，甚至，广而言之，关注我们民族的未来。

　　再一次感谢我的家人，感谢给予我无限灵感的女儿和儿子。活在珍贵的人间，有一对儿女如斯，能和他们一起成长，还能带给我思考的快乐，此间幸福难以言说，夫复何求？唯有加倍努力，感谢命运赐予，并且承负内心之中逐渐觉悟到的天命。

刘铁芳

2020 年 8 月 10 日

图书在版编目（CIP）数据

个体成人的开端：儿童教育的哲学阐释/刘铁芳著．—北京：中国人民大学出版社，2020.10
（当代中国教育学人文库）
ISBN 978-7-300-28718-8

Ⅰ.①个… Ⅱ.①刘… Ⅲ.①儿童教育－教育哲学 Ⅳ.①G61-02

中国版本图书馆 CIP 数据核字（2020）第 203788 号

国家出版基金项目
当代中国教育学人文库
个体成人的开端：儿童教育的哲学阐释
刘铁芳　著
Geti Chengren de Kaiduan：Ertong Jiaoyu de Zhexue Chanshi

出版发行	中国人民大学出版社				
社　址	北京中关村大街 31 号		**邮政编码**	100080	
电　话	010-62511242（总编室）		010-62511770（质管部）		
	010-82501766（邮购部）		010-62514148（门市部）		
	010-62515195（发行公司）		010-62515275（盗版举报）		
网　址	http://www.crup.com.cn				
经　销	新书华店				
印　刷	北京昌联印刷有限公司				
规　格	170 mm×240 mm　16 开本		**版　次**	2020 年 10 月第 1 版	
印　张	13 插页 1		**印　次**	2022 年 9 月第 3 次印刷	
字　数	198 000		**定　价**	65.00 元